평양의 먹구름

- 김정일 없는 북한 어디로 갈 것인가? -

정 만 수 지음

도서출판 이경

차 례

평양의 먹구름

서 문

평양의 먹구름

남북이 분단된 지 올해로 68년째이다. 강산이 일곱 번째 변하고 있는데도 북쪽은 변할 기미를 보이지 않고 있다. 그러나 현미경으로 자세히 관찰해보니 이상 징후가 나타나기 시작했다.

돌이켜 보면 우리의 조국 한반도는 참으로 모진 놈 옆에 있다가 호되게 뺨만 맞은 것이 아니라 허리까지 부러져 아직도 치료 중에 있는 환자와 같다.

바로 일본이라는 왜(倭) 나라가 할퀴고 간 자국이 너무 깊어 아직까지 위안부 할머니들의 하염없는 한탄의 눈물을 바라만 보고 있다.

당시 일본은 조선의 모든 것을 빼앗았을 뿐 아니라 내선일체(內鮮一體)라는 식민지 정책으로 유구한 한민족의 뿌리를 파내어 없애버리려 했다.

얼마나 많은 젊은이들이 징병, 징용으로 끌려가 죽었는지를 역사도 다 설명해주지 못하고 있다.

꽃다운 처자들을 끌어다 일본군 노리개로 짓밟아 버리고도 보상은커녕 그런 일 없었다고 배짱을 부리는 것이 바로 일본이다.

식민지라고 모두가 우리 한반도처럼 비극의 분단을 맞이한 것이 아니다.

저질의 섬나라 일본과 달리 문명국의 그늘에 있다가 나라를 되찾고 성장의 희망을 꽃피우는 나라들도 있다.

그런데 우리 민족은 정말로 형편없는 왜놈들의 식민지로 36년간이나 수탈을 당한 것도 모자라 아직까지 독도니 정신대(挺身隊)니 하며 우리의 가슴을 짓누르고 눈물을 뽑아내고 있다.

독도가 일본 땅이라면 대마도가 한국 땅이 아니란 법도 없다. 일본도 독도가 한국 땅임을 잘 알고 있겠지만 분단으로 인한 민족의 서러움을 이용한 얍삽한 침탈자의 속셈이라고 필자는 분석한다.

이를 되갚기 위해서라도 우리는 반드시 북쪽의 허리를 고쳐서 통일된 한반도의 드높은 기상으로 일본에 본때를 보여 주어야 하겠다.

그래도 다행인 것이 우리 한반도의 반쪽허리는 따뜻한 기운을 받아 생기가 돌고 있으니 이제 남은 반쪽허리가 나아지기를 오매불망 간절히 바라고 있는 것이 우리 조국의 현실이라 하겠다.

하루속히 남은 반쪽허리 북한이 제대로 치료를 받아 미사일, 핵무기도 내려놓고 삶의 자유가 보장된 우리의 남쪽나라 대한민국과 한 몸이 되기를 기원하면서 '무너지고 있는 북한'의 상황을 『평양의 먹구름』이라는 제목으로 시원하게 엮어보려고 한다.

필자는 별로 글재주를 타고나지 못해 재미있게 쓸 수는 없겠지만 진실을 파헤쳐 닫혀있는 한반도 통일의 빗장을 활짝 열어젖히는 데 한몫했으면 한다.

그렇다면 북쪽의 끊어진 허리를 제대로 진단하고 명약을 구하는 것이 급해진다.

즉 북한의 진단을 똑바로 정확하게 해야 하는데 청진기 정도로는 되지 않겠으니 오늘은 초음파로 정밀진찰을 하려고 한다.

북한이 지나온 68년의 세월은 대한민국의 자유의 삶이 너무 보편화되어 있어 우리의 잣대로는 쉽게 잘 이해가 되지 않는다. 특히 전후 세대는 더욱 그러하다.

필자는 북한에서 출생하여 나라 잃은 왜정의 식민강점기를 겪었고, 북한 김일성 체제에서 모진 세월을 보내야 했다.

본 책은 6·25전쟁 때 대학생으로 북한군 군관(북한군 중위)이 돼야 했고 개죽음을 피해 전선부대에서 탈출의 험준한 고비를 넘어 UN군의 일원으로 오로지 반공이념 하나만으로 특수전의 전쟁을 치러야 했던 고달픈 인생역정(人生歷程)에서 본 진단서이다.

오늘의 북한 모습은 어제 오늘 만들어진 것이 아니라 68년 전 북한의 독재자 김일성이 만든 것이다.

김일성이 1945년10월14일 평양공설 운동장에 첫 등장하여 김일성장군으로 소개되었을 때 북한 온 천지가 가짜 김일성으로 술렁댔다.

그러나 그때 처음 보는 소련 붉은 군대의 따발총이 북한 전역의 주민들을 겨누고 있으니 숨죽이고 따를 수밖에 없었다.

김일성은 1945년8월15일 해방과 더불어 진주한 소련군의 뒤를 따라 슬그머니 들어와서 조선 독립운동의 신출귀몰한 전설의 명장 김일성장군으로 둔갑하여 평양광장에 나타났다.

필자는 지금도 북한 김일성은 가짜라는 소신에는 변함

이 없다.

김일성은 1946년2월 소비에트 군정 하에서 북조선임시인민위원회 위원장으로 등극한다. 당시 북한 주민들은 조만식선생을 민족의 지도자로 따르고 있었기에 김일성은 얼마 가지 못할 줄 알았다.

반 김일성운동이 확산되어 암살 저격사건도 일어났으나 번번이 실패했다.

1946년3월5일 공산당 청년들을 앞세운 토지개혁은 피바람을 불게 했다.

가난한 농민들은 무상으로 토지를 분배해 준다고 하니 가슴이 벅차올랐으나 거기까지였다.

그 꿈은 오늘의 협동농장과 국영농장으로 사라져 버렸다. 그 후 김일성은 본격적으로 우상화 작업을 진행시키며 절대 독재자의 길을 걷게 되었다.

드디어 1948년9월9일 조선민주주의인민공화국 주석이 되어 인간 김일성을 살아있는 김일성신으로 만드는 신격화 작업을 이어 나갔다. 민족지도자 조만식선생이나 살길을 찾아 북한에 갔던 남로당 박헌영 등은 김일성 신격화의 희생양으로 사라지고 말았다. 김일성의 독재를 위해 민족진영은 물론 소련파, 연안파, 남로당파, 북로당파 등

가리지 않고 조금이라도 의심이가거나 경쟁이 될 만한 사람들은 물론 동지들조차 숙청이라는 이름으로 처형하였다.

김일성을 살아있는 신으로 만드는 작업에 쓰인 경전이 바로 김일성주체사상이다.

이 주체사상으로 김일성은 인민의 아버지, 생명을 주신 아버지, 절대 지도받아야 하는 수령으로 둔갑하여 김일성 종교공화국의 교주가 된다.

한반도의 반쪽으로 성이 차지 않은 김일성이 1950년6월25일 남쪽까지 먹어치우려고 일으킨 전쟁이 6·25전쟁이다.

전후 대숙청을 통해 살아있는 신이 된 김일성은 신권통치로 김일성의 말이 곧 하늘의 명령이며 법인 절대 철권독재의 권좌를 차지했다.

6·25 패전의 늪에서 헤어난 김일성은 군대만이 나를 지켜준다는 망령에 사로잡혀 세계역사상 유례없는 인민군대 증강에 나섰다.

이것이 오늘의 병영국가 북한의 모습이다. 6·25전쟁 때의 실패원인을 해결하기 위해 한국과 미국까지를 싸잡아 이길 수 있다는 판단으로 미사일, 핵무장 길에 나선지 올해로 57년째이다.

인민이 굶어죽든 풀을 뜯어먹든 아랑곳없이 미사일 핵개발에만 몰두했다.

사실 핵개발의 원리는 어려운 최첨단 이론과 기술은 결코 아니며 이미 널리 알려져 있다. 한국과 일본 정도의 기술수준으로는 그리 어려운 문제가 아니다.

핵이 초미의 관심사이기에 간단한 원자력의 상식을 요약한다.

모든 물질은 원자로 구성되어 있다. 원자는 그 중심에 원자핵과 그 중심을 도는 전자로 이루어져 있으며, 원자핵은 양자와 중성자로 구성되어 있다.

핵분열이라는 것은 이 원소의 원자핵이 갈라지는 것을 의미한다.

우라늄과 같은 무거운 원소의 원자핵에 중성자라는 아주 작은 입자를 충돌시키면 원자핵이 2개로 쪼개지면서 2~3개의 중성자와 에너지를 방출하게 된다.

또 이 중성자가 다른 원자핵을 때려 핵분열을 일으키게 되며, 이러한 현상이 순식간에 연속적으로 일어나게 되는 것을 핵분열연쇄반응이라고 한다.

원자력이란 결국 핵의 연쇄적인 분열에서 얻어지는 에너지를 의미한다.

이 에너지를 안전하게 필요한 만큼 쓸 수 있도록 원자로가 고안되게 된 것이다.

원자력 발전이란 핵분열연쇄반응을 지속적으로 천천히 일어나게 함으로써 원자로에서 나오는 열에너지를 이용하여 증기를 만들고 그것으로 터빈을 돌려 전기를 생산하는 과정을 말한다.

그러나 원자폭탄은 핵분열연쇄반응을 순간적으로 일어나게 함으로써 순식간에 폭발하게 되는데, 이것이 원자로와 원자폭탄의 차이점이다.

또 한 가지 차이점은 원자력발전에는 순도가 매우 낮은 우라늄(0.7~4%)을 연료로 쓰지만 원자폭탄은 순도가 90% 이상인 고농축우라늄을 원료로 사용한다는 것이다.

북한의 천연 우라늄 매장량은 세계 총 매장량의 5배가 넘는 2,600만 톤이다. 가채매장량만도 400만 톤이다. 북한은 세계 제1의 고품질우라늄 매장량을 갖고 있다. 이것이 원자력의 기초적 상식이라 하겠다.

북한은 그렇게 어렵지도 않은 원자력 개발 즉 핵개발을 57년간이나 계속해왔으니 지금은 완성단계나 완성됐다고 보는 것이 정론일 것이다.

김일성의 미사일 핵무장은 미국을 압박하여 주한미군을

철수시키고 남조선을 먹어치운다는 제2의 6·25 남침전략이라고 판단된다.

김일성은 1994년7월8일 죽으면서 모든 것을 아들 김정일에게 세습으로 물려주었다. 김정일은 여기에다 선군정치라는 혹을 하나 더 붙였다.

인민군대를 가지고 정치도 누르고, 반대파도 누르고, 인민도 꼼짝 못하게 누른다는 것이 선군사상이다. 오히려 김일성이 살아있을 때 보다 미사일 핵개발에 더 열을 올렸다.

김정일도 2011년11월17일 죽으면서 아들 김정은에게 3대째 유훈으로 지시를 내렸으니 김정은은 꼼짝달싹 못하고 그대로 따라가야만 할 처지다.

북한의 미사일 핵실험을 대미협상용이니, 대남협상용이니, 중국이 말리면 못할 것이라는 말은 너무나도 추상적이다.

이제는 북한이 미사일, 핵실험할 것이냐? 안 할 것이냐? 언제 할 것이냐? 왜 했느냐? 로 시간을 낭비하며 정신을 팔 때가 아니다.

북한의 미사일과 핵개발은 갈 때까지 갔다는 것이 필자의 분석이다. 즉 핵개발과 대륙간탄도미사일은 완성했다고 보고 이제부터는 비핵화보다는 북한의 핵과 미사일을 무용지물로 만드는 정책을 강력하게 펴나가야 할 때라고 본다.

첫 번째는 정면돌파 방법과 우회돌파 방법 모두를 총동원해야 한다. 정면돌파 전략은 우선 정확한 정보 수집이다.

첩보위성은 물론 최첨단 과학 장비를 총 동원해야 하며 현재 망가져 있는 인적 첩보기능을 하루속히 복원 강화해야 한다.

종합적인 초정밀 정보로 타격목표지점을 정확하게 설정하고 고성능 첨단 타격무기로 결정적인 시간에 타격원점을 선제공격하여 미사일과 핵무기를 무력화(無力化)시키는 것이다.

두 번째는 고도의 심리전을 전방위로 전개하여 북한 내부를 혼란에 빠뜨려 핵무기 사용의 조건과 원인을 제거하거나 약화시키는 것이다.

결정적 시기에 선무공작을 위한 유격전 정예요원을 양성 침투시켜 인민들과 노농적위대 등 비교적 정세판단이 빠른 계층을 포섭하고 인민군 후방군단의 와해전술로 전연군단의 전력 분산을 꾀하는 과감한 심리전과 유격전을 전개하는 것이다.

6·25전쟁 때 KLO 8240부대 유격군의 소중한 경험을 참고하여 새로운 유격전술교본을 만들 수 있을 것이다.

필자는 머지않아 통일시대에 맞는 유격전술교본을 집필하려고 한다.

세 번째는 UN을 비롯하여 중국에 대한 실효성 있는 선린신뢰외교로 전략적 유대를 맺고 북한을 강도 높게 압박하여 군사력 사용의 의지를 제거하는 것이다.

따라서 모든 상황과 조건이 절정에 이르러 결정적인 순간을 맞은 때를 놓치지 않고 전광석화처럼 일제히 공세를 퍼부어야 하는 것은 절대적인 전제조건이라 하겠다.

북한 체제는 붕괴의 조짐만 보이면 확산속도는 예상을 초월할 것이며 철옹성 같은 북한도 물먹은 흙집처럼 무너질 것이다.

북한은 사회주의나 공산주의 국가는 결코 아니다. 공산주의 종주국인 소련도 공산당의 독재는 있었지만 세습과 주체사상은 없었다.

중국, 베트남, 동독, 알바니아까지도 자식에게 독재왕권을 세습하고 인민을 굶겨죽이면서 지상낙원이라고 하는 사회주의 국가는 없었다.

그런데 북한은 조선에다 민주주의인민공화국을 덧붙여

문패를 달고 있으니 참으로 가관이다. 아마 한글사전도 찾아보지 않은 모양이다.

북한은 민주주의도, 사회주의국가도 아닌 김일성의 왕국이며 김씨 사교(邪教)의 나라이다.

이러한 김일성의 사술(邪術)에 최면이 걸려 평등, 평화, 민족, 민주를 부르짖으며 자유 대한민국을 파괴하겠다는 종북주의자들은 하루속히 그 함정에서 빠져나오기를 진심으로 바란다.

이들은 평양 아닌 북한지역에서 단 한 달만 살아본다면 자유를 배신한 양심으로 눈물지을 것이다.

북한의 미사일, 핵개발의 피해는 고스란히 인민들에게 전가되어 살길이 막막해진 인민들이 연명의 최후수단으로 장마당으로 발길을 돌리고 있으나 북한으로서는 말릴 형편이 못된다.

김일성이 입버릇처럼 외치던 이밥에 고기국은 날아간지 오래이고 배급 줄 형편도 안 되니 원수로 여겨왔던 자본주의식 장마당을 폐쇄하지 못하는 것이다.

이 장마당이 북한을 무너뜨리는 전초기지가 되고 있으며 나아가 지하교회까지 등장했다고 한다.

북한을 지탱해주는 유일한 교리인 주체사상과 주체경제

에 정면으로 반기를 드는 사건이다. 이것을 북한이 막지 못한다면 기둥이 부러진 낡은 집과 같이 주저앉을 것이다.

핵과 미사일 실험은 군심, 민심을 현혹시키고 달래는 임시 진통제에 불과하다는 것이 필자의 판단이다.

민생을 돌볼 수 없는 북한 지도부는 결국은 인민이나 군대까지도 한층 더 높은 강압수단으로 몰아붙일 수밖에 없다.

여기에서 나오는 마찰음이 터져 불만이 원한으로 전위되어 분출하게 된다면 핵무장한 군대라도 속수무책으로 고개를 숙일 것이다.

우리는 이것을 결정적 기회로 삼아야 할 것이며 이렇게 되도록 유도하는 정책과 전략을 펴나가야 한다는 것이 필자의 주문이다.

기회는 미리 알고 놓치지 말아야 한다. 통일 시점을 정확하게 예측하고 만반의 준비를 다해야 한다는 말이다.

여러 가지 중에서 한 가지만 지적하고자 한다. 현재 우리 한국의 사분오열되어 있는 국력으로는 통일의 기운을 뻗치기 힘들다고 본다. 자유와 민주주의 탓으로 돌리기에는 시간이 없어 보인다.

아무리 북한이 흔들려도 우리가 북한을 끌어당길 채비

가 되어 있지 않으면 모든 것이 공염불이 되고 만다.

먼저 대통령의 비장한 의지와 전 국민의 힘을 하나로 모아 우리 사회를 부정부패 없는 새로운 시스템과 정직한 사회로 재탄생시켜야 한다.

그리하여 친북 종북세력을 몰아내야 한다. 내부의 적을 그대로 두고 통일전략전술의 처방전(處方箋)이 없다는 것은 불문가지의 이치다.

친북세력들은 우리의 사회 부조리를 먹고사는 박테리아들이다.

특히 종북 친북세력들은 권력 고위층이나 재벌과 가진 자의 비리와 부패를 파고들어 확대하여 서민대중을 자극하고 선동하며 교묘한 속임수와 교활한 수법으로 반대한 민국화를 시도한다.

대중은 쉽게 이 선동에 넘어가 본의 아니게 뒤따르는 현장을 우리는 수십 년간이나 보아왔다. 그런가 하면 전형적인 공산주의 혁명수법을 동원하여 이념투쟁을 전개하다 당국에 검거되는 경우도 흔히 있어왔다.

이런 상황을 정리하지 않고는 통일전략전술을 수립할 수 없으며 통일을 논의조차 할 수 없을 것이다.

대통령과 사회지도층의 애국심이 지금 절실한 때이다.

새 정부가 앞장서고 지도층이 솔선수범하여 지금까지의 나쁜 관행 따위는 과감하게 던져버리고 사회비리와 부조리를 척결해야만 한다.

특히 권력층과 가진 자의 부정부패를 민족통일성취 차원에서 가차 없는 처벌과 엄격한 잣대로 다스려 맑고 깨끗한 사회를 만들어야 한다.

그렇게 되면 친북, 종북의 번식하던 독버섯과 같은 세균은 박멸될 것이며 비로소 하나 된 한반도통일역량이 솟구쳐 올라 민족의 숙원인 통일조국을 이루어낼 것이라고 필자는 확신한다.

2013년 4월 25일

정 만 수

1부
요동치는 북한의 자화상

평양의 먹구름

제1장 무너지고 있는 북한

1. 김정은의 딜레마(Dilemma)

지금 북한 김정은은 크게 두 가지의 딜레마에 빠져 출구를 찾지 못하고 있다.

첫 번째가 한국과 세계를 향해 김정일식 벼랑끝전술(Brinkmanship tactics)을 멈출 수 없는 것이고, 두 번째는 자유를 박탈당한 채 굶주리는 북한인민들의 경제난을 해결할 수 없는 것이다.

김정은은 머지않아 끝내 추락하고 말 것이다.

김일성, 김정일은 주체사상과 선군사상을 창시(創始)하고 스스로 살아있는 신이 되어 신권통치(神權統治)라는 전대미문(前代未聞)의 절대독재권력을 행사했다.

모든 인민들은 김일성으로부터 사회정치적생명을 부여

받고, 어버이로 지극정성 모셔야 하며, 오직 김일성수령의 지도를 받아야만 북한에서 살아갈 수 있다는 것이 김일성 주체사상의 주요핵심이다.

신의 아들 김정일은 한술 더 떠서 선군사상으로 정치, 경제, 국방의 모든 부문을 총망라해서 군대를 맨 꼭대기에 두고 총칼을 휘두르게 했다.

따라서 군영국가의 높은 울타리에 갇힌 인민들은 통한의 눈물을 흘리며 하소연과 불평 한마디 못하고 굶어 죽어가고 있다.

김일성, 김정일은 북한의 총체적 난국을 돌파하기 위해 한·미 등 국제사회를 상대로 무모하고 거침없는 벼랑끝전술로 군심과 민심을 조절하면서 위기를 넘기는 마술사와도 같았다. 드라마틱한 아이러니(Dramatic irony)라 할 수 있겠다. 북한에서는 김일성, 김정일이 살아서도 신, 죽어서는 더 합법적인 신으로 받들어지고 있다. 잔혹한 유훈통치의 서슬 퍼런 칼이 지금은 김정은에게 쥐어져 있다. 김정은은 살아있는 신만이 할 수 있는 이 벼랑끝전술을 이어갈 수밖에 없는 딜레마에 빠져 호미난방(虎尾難放)의 신세다.

북한의 현실은 무력도발의 불장난을 계속할 수 없는 최

악의 상황이다.

지금 북한의 상황은 인민들이 굶주리고 군심, 민심이 요동치고 있다.

풋내기 김정은이 선군사상을 외쳐대면서 세계를 상대로 시효지난 김정일식 벼랑끝전술을 계속하며 공갈 협박을 이어가겠다는 것은 어불성설이다.

① 미사일, 핵실험으로 주변국 특히 한국과 미국을 상대로 터무니없는 대가를 요구하는 벼랑끝전술은 예전과 같이 통하지 않는 세상으로 변했다.

② 최근에 새로 등장한 한반도 관련국들의 지도자들이 만만치 않게 실용주의를 택하고 있으며, UN과 국제사회도 북한의 억지를 더는 수용하지 않을 태세다. 지난 2013년 1월 22일 북한제재를 위한 UN 안보리 결의 2087호를 채택하는 데 중국의 반대가 없었다는 것에 유념해야 할 것이다.

이 결의는 북한의 관련 돈줄을 조이겠다는 것이 특징이며 김정은의 가장 아픈 곳을 찌르겠다는 국제사회의 경고다.

그러나 지금 북한에는 이와 같은 국제적 압박을 무시할 만큼의 살아있는 신이 존재하지 않는다는 것이 김정은이 감당해야 하는 또 하나의 딜레마이다.

③ 그렇다고 김일성, 김정일 특허인 벼랑끝전술을 계속 하지 않는다면 북한 내 군심과 민심을 달랠 뾰족한 다른 수단이 없다는 것이 문제로 지적된다.

그러나 지금 북한은 인민들의 굶주림과 우리에 갇힌 자유를 풀어줄 수도 없다. 당장 정권이 날아가기 때문이며 또한 이것이 개혁개방의 걸림돌이다.

개혁개방을 할 수 없는 생지옥수용소공화국의 딜레마의 해답은 세습독재가 막을 내리는 날 답해줄 것이다.

④ 김정은이 미사일, 핵개발로 강성대국 만들어 끝내 남조선을 해방시킨다는 명분이 사라진다면 세습통치는 불가능하다.

그렇다고 김정은은 세습독재를 위하여 새로운 무력도발을 계속하면서 벼랑끝전술을 이어갈 수도 없을 것이다.

한국을 비롯하여 전 세계에 북한의 벼랑끝전술이 더는 먹혀들 곳이 없다는 것은 김정은으로서는 존망이 걸린 위기이다.

이제 김일성, 김정일표 벼랑끝전술은 부메랑(Boomerang)이 되어 김정은과 북한을 무너뜨리게 될 것이다.

2. 김정은의 군부개혁

과연 김정은과 장성택이 바닥을 드러낸 경제난 속에서 군심과 민심을 어떻게 다스리느냐? 는 것은 최대의 딜레마이다.

김정은은 주체사상과 선군사상으로 강성대국 건설한다고 부풀어 오른 군심을 어떻게 달래고 조정할 수 있을까? 또한 군대를 혁명의 주력군으로 앞세운 선군정치로 하늘 끝까지 치솟은 선군후로(先軍後勞), 선군후정(先軍後政), 선군후경(先軍後經) 등 모든 것이 선군체제로 뒤덮인 북한을 경험 없고 미숙한 어린 김정은이 어떻게 끌고 갈 것인가? 권력기반이 매우 취약한 김정은의 앞날이 초미의 관심사이다.

① 분명히 장성택과 김정은은 선군정치를 흉내 내면서도 군부의 체질을 당, 군, 정, 인민의 관계로 개혁해야만 한다.

군부가 모든 것을 우선하고 통제하던 시대에서 당, 군, 내각, 인민이 상호 협력적 균형을 이루는 관계로 새 틀을 짜야 한다.

② 김정은은 우선 군부에서 외화벌이 기능, 즉 군부가

돈까지 거머쥔 기이한 갈등을 해소해야만 한다. 따라서 군부가 갖고 있는 무역과 수출·수입 사업을 내각이나 당에 이관하는 조치를 취할 것이다.

그러나 이것은 초 비대해진 군부의 명줄을 끊는 일이기에 김정은과 장성택으로서는 역부족일 것이며 자칫 군부가 혼란에 빠질 수 있는 위험한 일이다.

③ 지난 1년간 북한 김정은은 인민무력부장을 김영춘에서 김정각으로 또다시 김격식으로 교체하였고, 인민군총참모장도 리영호에서 현영철로 바꾸었으며 야전의 핵심인 군단장들까지 숙청 교체하였다. 또한 국가안전보위부도 우동축에서 김원홍으로 숙청 교체하는 등 숨가쁜 행보를 보였다.

이 과정에서 군부서열 1위인 총정치국장에 민간인 출신 최룡해를 끌어들여 하루아침에 인민군대장의 군복을 입혀 숙청의 칼을 휘두르게 했다.

군부의 사기가 말이 아니며 불안과 불만은 수면 아래에서 꿈틀대고 있다고 보아야 한다.

뿐만 아니라 임명할 때는 대장에서 차수로 승진시켜 홍분과 영광으로 눈을 가리게 해놓고 예외 없이 3~4개월 후면 다시 대장으로 강등하여 수모를 주고 연이어 자취를 감추게 하거나 허물을 뒤집어씌워 퇴출시키고 있다.

이런 야비하고 교활한 속임수로 핵심군부를 흔들고 있는 비상식의 극치를 거침없이 자행하고 있다.

특히 김정은에게 충성하는 간살스러운 군부 4인방 중 한사람인 김정각은 2012년 4월 11일에 인민무력부장에 임명되어 2012년 11월 29일 불과 7개월 만에 해임되었고, 리영호 총참모장은 2012년 7월 16일 전격 해임되면서 반당, 반혁명분자의 누명까지 쓰게 된 것으로 알려져 있다.

또한 김정각의 후임으로 용도폐기되었던 김격식을 인민무력부장으로 불러들인 것과 야전통인 리영호를 숙청하고 군단장들까지 숙청한 것 등은 김정은과 군부와의 갈등이 다급함을 보여주는 신호라 하겠다.

기존 군부의 힘을 빼야만 하는 김정은식 개혁으로 광풍을 몰아올 먹구름이 도처에 드리워진 것을 엿볼 수 있다.

3. 북한의 총체적 경제난

① 첫 번째가 식량난이다. 식량부족사태는 우리의 상상

을 초월한다. 특히 2012년 작년에 북한을 휩쓴 가뭄은 무려 50년 만의 큰 재앙이다.

엎친 데 덮친 격으로 북한의 홍수는 연례행사처럼 일어난다.

모든 야산을 무분별하게 개간하여 다락밭을 만들고 나무는 땔감으로 벌목하여 민둥산이 되었기 때문이다.

북한의 행정구역은 1특별시, 2직할시, 9도, 25시, 38구역, 147군으로 되어 있다. 도, 시, 군 지역은 거의 배급이 끊긴 상태이고 핵심계층이 살고 있는 평양도 하루에 100~150그램의 식량배급도 나온다, 안 나온다를 반복하는 형편이다.

② 북한에는 협동농장 3,200개, 국영농장 200개 정도가 있는 것으로 파악되어 있다. 생산량을 아무리 독려해도 1년에 약 100만 톤의 식량이 부족하다.

북한의 만성적 식량 부족은 농지의 부족이나 기술과 인력의 문제가 아니라 북한체제와 주체농법의 실패로 인한 결과물이다.

더욱이 흉년에 겹쳐 미국 및 국제사회의 지원까지 끊긴 상태에서 혈맹인 중국도 1년에 10~20만 톤의 무상원조가 있기는 하지만 미사일 발사와 핵실험카드로 인하여 갈

등을 빚고 있다.

북한이 자초한 무력도발로 인해 한국, 미국, 중국 등 국제식량기구의 원조마저 원활치 못한 상황이다. 특히 남한의 지원 중단은 결정타가 되어 북한을 거의 마비상태로 만들고 있다.

안하무인이던 북한이 받은 천벌이라 하겠다. 2010년 3월 26일 천안함 폭침으로 발동한 5·24조치로 한국은 대북 인적, 물적 교류를 중단하고 있다. 더욱이 2010년 11월 23일 연평도 포격으로 인한 깊은 상처는 대북 지원의 문을 좀처럼 쉽게 열 수 없게 만들었다. 남한을 너무 얕잡아본 것이 곧 북한이 자초한 징벌이다.

③ 그렇다면 김정은은 식량을 외국에서 사와야 한다. 북한의 외화사정은 식량 못지않게 아주 심각한 상태이다. 극심한 외화사정은 북한의 또 하나의 자라나는 암세포와 같다. 배짱으로 해대던 마약밀수출, 위조달러, 양담배밀매도 예전과는 상황이 달라져 김정은의 실력으로는 쉽지 않다.

더욱이 지난 2013년3월8일 UN안보리 결의 2094호는 북한의 돈줄을 본격적으로 조이기 위해 미국을 비롯한 전 국제사회가 칼날을 벼르게 된 것이다.

또한 북한이 그동안 외교관들을 통해 마약과 위조달러의 밀매와 유통으로 외화를 밀수입하고 있는 사실이 구체적으로 폭로되면서 세계적 문제로 집중 부각되고 있어 북한의 자금줄에 2중 3중의 비상이 걸려 있는 상황이다.

외화를 벌어들이겠다고 시작한 나진·선봉경제특구 등의 외자유치도 북한의 주체경제의 덫에 걸려 지지부진하다. 1차 산업인 광물 수출에도 한계가 있다.

④ 한국의 5·24조치로 인한 북한의 외화난과 식량난이 인민들은 물론 장성택, 김정은의 목을 조일대로 조이고 있다.

북한은 만성적 에너지난에 시달리고 있다. 원유 수입량이 2009년 기준으로 북한은 379만 배럴이고 남한은 8억 3천500만 배럴이다. 무려 220분의1이다.

전기생산량은 북한은 235억kwh이고 남한은 4,336억 kwh이며 18분의1이다.

또한 북한은 에너지난으로 암흑천지가 된지 오래이며 생필품 생산 공장의 가동률이 20%정도이니 생지옥이 따로 없는 지경에 이르렀다.

⑤ 북한에서 무연탄은 연료에서 차지하는 비중이 절대적이다. 그러나 5·24조치 이후 더욱 심각해진 외화난을

극복하려는 몸부림으로 중국에 내다판 무연탄의 양은 작년도 무려 1,200만 톤이 넘는다.

5·24조치 이전보다 4배에 이른다. 또한 중국에 노동자를 싼값에 긴급수출하고 있다. 중국 동북지역 랴오닝성(遼寧省)에만 2만 명이 넘고 앞으로 5만 명을 더 수출하려고 한다.

임금은 월급 1,500위안 한화로 약26만7천400원 정도인데 이중 80~90%를 북한당국이 가져간다. 대규모 정보유입의 위험을 무릅쓴 고육지책으로서 북한의 외화난의 심각성을 단적으로 보여주는 사례라 하겠다.

극심한 외화난으로 최소한의 식량조차 수입할 수 없어 겪는 북한 동포들의 가긍(可矜)한 참상은 지원극통(至寃極痛)의 도를 넘고 있다.

참고로 남한이 북한에 지원한 금액은 김영삼정부(1993년2월~1998년2월) 2,266억원, 김대중정부(1998년2월~2003년2월) 2조7,028억원, 노무현정부(2003년2월~2008년2월) 5조6,777억원이다. 이와 같은 규모라면 남한에서도 엄청난 금액이지만 북한으로서는 천문학적인 수준의 돈이다.

북한은 그러면서도 한국 정부나 남한동포들에게 고맙다

는 말은 고사하고 수령님과 장군님의 은혜타령을 하면서 서울 불바다와 같은 공갈협박으로 더 갖다 바치라는 우격다짐만을 되풀이한 것이 지금까지의 남북회담과 교류였다고 해도 과언이 아닐 것이다.

지금은 이 어마어마한 지원이 중단된 상태이니 북한이 겪고 있는 고통을 필설로 표현하기 매우 어려운 지경이라 하겠다.

지상에 보도된 내용 중 한두 가지만 예를 든다면 첫째 중국 지린성(吉林省) 훈춘(琿春) 등지에 최근 굶주린 북한 사람들이 밤중에 두만강을 넘어 들어가 옥수수, 소, 양 등을 훔치고 때로는 강도짓을 하는 사건이 발생하여 중국에서 2m 높이의 철조망을 설치하였다고 한다.

중국은 "밤에 누가 문을 두드리면 함부로 열지 말라"고 주민들에게 주의를 당부했다고 한다.

둘째 2년 전 탈북하여 중국에 숨어있는 전 북한군 고사포중대장(여군대위) 송모씨의 증언에 의하면 북한의 고사포는 대부분 여군이 담당한다고 한다.

강원도 최전방부대에서도 "하루 배급이 감자 몇 알일 때도 부지기수"라며 전방부대 주변에 사민(私民·민간인)집들이 있는 경우가 많은데 배가 고파 어쩔 수 없이 사병들과 사민 밭을 털어야 했다. 그는 군에서 도둑질을 배웠다고 했다.

"우리 여군들은 밤마다 도둑질하러 다녔습네다. 감자나 무를 훔쳐서 배를 채웠지요" 한쪽에서는 수십억 달러를 들여 핵실험을 하지만 다른 한쪽에서는 영양실조로 병사들이 죽어 나가는 곳이 북한이다.

"남자 군인들은 사민집에서 짐승이면 짐승, 담장의 호박이면 호박 모두 걷어간다. 전등을 빼 와 파는 경우도 많다"라고 했다.

송 중대장은 여군의 경우 "경도(생리)가 끊기고 머리카락이 빠져 더 스산하다"(처참하다)라며 "한 소대에 영양실조자 5~6명, 결핵이 또 5~6명이다. 웬만큼 든든한(건강한) 여군은 열손가락에 꼽을 정도"라고 전했다.

영양상태가 부실하고 위생이 불량하여 결핵이 창궐하지만 당국은 민심을 의식해 환자를 전역시키지 않고 별도로 격리해 놓는다.

송씨는 대학 졸업 뒤 "입대할 때 '통일병사'가 돼 조국에 목숨을 바치려했다" 며 한숨을 내쉬었다.

이렇게 군대사정이 어려워진 것은 김정일이 강력하게 선군정치를 밀어붙인 때부터 더욱 심해졌다고 한다.

이렇게 북한의 인민들과 군대마저 굶주리고 배고파 도둑질까지 해야 하는 비참하고 비통한 참상을 그냥 생지옥이라 부르기에는 표현이 꽤나 평범한 것 같다.

반드시 김일성, 김정일 김정은과 그 추종자들에게 민족의 이름으로 엄중히 책임을 물어야 할 것이다.

그러나 종북분자들은 민족, 동포애, 남북교류, 평화, 화해를 들먹이며 남북관계 단절을 북한 김정은에게 묻지 않고 우리 정부의 책임으로 트집을 잡고 있다.

마치 우리 정부가 잘못하여 남북이 경색국면인 것처럼 호도하며 북한 편에 서서 악의를 뿜어내고 있다.

필자는 이 파렴치하고 교활한 궤변(詭辯)을 들을 때마다 울분을 넘어 치가 떨리는 전율마저 느낀다. 어찌 대한민국의 자유를 만끽(滿喫)하면서 그 자유를 원수로 갚겠다는 말인가? 되묻고 싶다.

지금까지 그 많은 한국의 지원이 정말로 신음하는 북한 동포들을 굶주림에서 구했다는 정보는 그 어디에서도 들을 수 없다.

그렇다면 그 지원은 북한 동포들의 고혈을 짜내고 노예와 같이 울안에 가두고 조금의 자유마저 허용치 않으면서 자기들끼리만 호의호식하는 김씨왕조와 조선노동당과 군부 핵심계층을 위한 조공이나 뇌물이라는 말에 일리가 있다고 필자는 평가한다.

나아가 남한의 지원이 북한 동포들에 대한 지원이 아니라 미사일과 핵실험의 자금줄이라는 말에도 반박할 수 없는 것이 필자의 솔직한 심정이다.

필자는 요즘 통일조국의 여명이 밝아오는 천지의 기운을 느끼면서 북한의 호전세력보다 더 걱정이 되는 것은 남한에 뿌리내린 종북주의자들이라고 판단한다.

이들은 사회 곳곳에서 두각을 나타내며 철옹성의 조직으로 평화, 민주, 민족, 통일세력의 탈을 쓰고 보무도 당당하게 활개치고 있는 것이다.

필시 통일조국의 앞길을 가로막고 있는 암세포들이다. 문제는 자유민주주의국가에서 보장된 그 자유로 그 자유민주주의사회를 파괴하는데 우리 사회가 속수무책이라는 점이다. 전 국민적 지혜를 모아 반드시 넘어야 할 산이다.

국가보안법을 한시적으로 강화하는 것도 한 방법일 것이며 무언가 과단성 있는 비상수단이 필요한 때라고 필자는 판단한다.

4. 북한의 장마당과 지하교회

① 북한의 식량난, 양극화, 외화난, 에너지난, 물자난, 생필품난 등은 계획경제와 선군정치의 실패의 산물이자 결과물이다.

② 배급을 받지 못하는 인민들은 호구지책을 위하여 장마당으로 몰려들어 성시를 이루고 있다.

장마당에서 거래되는 상품은 알려져 있는 대로 대부분이 중국산 생필품이고 남한의 상품도 있으며 주로 텃밭, 뙈기밭, 소토지 등에서 자경(自耕)하는 농산물과 뒷거래되는 쌀 등 거의 없는 것이 없다.

북한이 그렇게도 자랑하고 고수하던 소위 사회주의 낙원의 생존방식을 버리고 절대 금기시하던 자본주의식으로 살아가게 된 것이다.

③ 배급제가 무너지자 김정일은 '2002년7월1일 경제관리개선조치'를 채택하여 장마당을 허가하였으나 부작용과 역기능의 확산으로 열었다 닫았다를 반복하며 오늘에 이르고 있다.

지금은 전국으로 확산되어 북한 인민들의 생활터전이자 생명줄과 같은 생활수단이 되어있다.

북한이 210개의 시, 구역, 군으로 되어 있어 약 200여 개의 장마당, 시장이 열려있는 것으로 필자는 추산한다.

④ 장마당은 물건을 사고파는 시장으로서 단지 먹고살기 위한 상품거래장소이기도 하지만 바깥소식과 외국정보에 꽉 막혀있는 북한 인민들의 눈을 뜨게 하고 귀를 뚫어주는 정보센터의 역할 또한 톡톡히 하고 있다. 북한의 폐쇄정책이 서서히 무너지고 있는 곳이 바로 장마당이다.

통일의 메아리가 울려 퍼지는 저 자유의 언덕에서 우리 7천만 민족을 손짓하고 있는 듯하다.

모처럼의 이 불씨를 섣부른 민족 돕기나 남북화해를 빙자한 대북 퍼주기로 꺼지게 하거나 흔들리게 한다면 통일에 재앙이 될 것이다.

그렇다고 굶주리는 아동이나 노약자나 인민들에게 직접 전달될 수 있는 도움마저 중단하자는 것은 결코 아니다.

장마당 시장경제가 자리 잡게 된다면 배급으로 인민들의 생명줄을 쥐고 독재의 사술(邪術)을 부리던 북한의 세습왕조도 속수무책으로 손을 들 수밖에 없을 것이다.

우리는 북한의 이 장마당이 활성화되도록 슬기와 지혜를 모아야 하겠다.

이 장마당이 통일의 횃불을 밝히는 전초기지이기 때문

이다.

⑤ 인민군 핵심부나 외화벌이를 담당하는 특권층과 당 간부와 비특권층 간의 양극화는 물론 신흥부유층과 굶주리는 절대 다수의 인민들 간의 양극화는 이미 심각한 수준이다.

김정일은 해결책으로 2009년11월30일 화폐개혁을 단행했으나 완전 실패하여 군심, 민심만을 흔들어 놓았다. 급기야 김정일은 민심을 달래기 위해 박남기 노동당 계획재정부장에게 죄를 뒤집어 씌워 총살했다. 참으로 김정일의 잔인성과 가학성(加虐性)을 한눈에 보는 것 같다.

지금은 이 양극화현상이 총체적인 경제난으로 더 한층 심화되고 있어 김정은의 앞길을 가로 막고 있다.

이 양극화현상은 매우 심각한 상태로서 특권층의 호의호식은 간고(艱苦)한 삶에 찌들어 굶어 죽어가는 인민들에게 절망과 망국의 한을 심어주고 있다.

최근 현지를 취재한 신문보도에서도 인민들이 미사일, 핵실험 성공을 기쁘지 않게 생각한다는 인식이 확산일로에 있다는 것이다.

또한 오래전부터 뿌리내리고 있는 뇌물만능의 폐습(弊習)은 난치의 고질병이 되어 독버섯처럼 번지고 있다. 이러한 군심, 민심의 일탈현상과 사회무질서와 이어지는 강권탄압의 악순환은 김씨 세습독재왕국의 말기적 현상이라고 평가할 수 있다.

⑥ 외부 정보의 유입은 마침내 2,300만의 신도를 거느린 김일성교주의 신권체제를 위협하는 지하교회를 등장시키기에 이르렀다.

만약 지하교회가 총칼을 뚫고 확산된다면 김일성주체사상으로 꽁꽁 묶어 놓았던 인민들의 쇠사슬이 풀려 분출하며 폭발하는 자유의 힘으로 김일성 가짜 신을 몰아내고 망석중이 김정은 타도를 외쳐댈 것이다.

김일성 주체사상과 자유, 인권, 지하교회와 장마당은 빙탄불상용(氷炭不相容)의 관계로 도저히 화합할 수 없는 관계이다.

지금이 한반도 통일의 비전(Vision)을 실현해야 할 때이다. 북한에서 일고 있는 격변기적 변화인 제2전선이 우리 남한의 제1통일전선과 주도적으로 매치(Match)가 이루어질 때 드디어 민족통일의 노래를 힘차게 합창할 수 있을 것으로 확신한다.

5. 북한이 가고 있는 막다른 길

① 현재 김정은, 장성택은 김일성, 김정일의 주체사상과 선군사상의 신권통치를 유훈세습으로 이어가려고 하지만 김정은 풋내기인간통치로는 불가능하다는 것을 깨닫게 될 것이다.

② 그러나 당장 미사일과 핵무기를 붙들고 있지 않으면 군심, 민심의 일탈을 막을 수 없다는 착시현상에 빠져있다.

김정은, 장성택은 미사일과 핵무기를 껴안고 선군정치의 꿈에 잠겨있는 한 중국을 비롯한 국제사회의 망나니로 전락하여 총체적으로 경제난을 심화시켜 김정은의 몰락을 가속화 시키게 될 것이다,

마치 전신에 암세포가 확산되는 것을 애써 무시하는 자포자기의 발악으로 보인다.

③ 모름지기 장성택은 북한경제시스템(System)의 중국식 개혁개방이 절실함을 느낄 것이다. 그는 중국통이면서 과거 남한을 8박9일간 방문하여 발전하는 산업현장을 보고 간 엘리트로서 개혁개방의 필요성이 간절할 것이다.

그럼에도 당장 유훈통치의 연약한 김정은정권이 무너져

내리는 위험부담으로 개혁개방은 엄두도 못내는 것으로 분석된다.

따라서 지금의 북한은 무너지고 있다는 것이 필자의 분석이다.

6. 지하에 숨겨져 있는 군영국가 북한

통일을 전제할 때 난공불락의 요새로 변한 북한을 살펴볼 필요가 있다.

① 북한군은 휴전선을 연하여 4개의 전연군단과 4개의 기계화, 전차, 포병군단이 포진하여 재배치 없이 휴전선을 돌파 공격할 수 있는 전투태세를 갖추고 있다.

② 북한에 3만5천개의 김일성 동상이 말해 주듯이 김일성, 김정일의 명령은 마치 신의 명령처럼 일사불란한 명령체계를 주 무기로 삼고 있다.

이 명령체계가 유훈으로 김정은에게 그대로 계승되고 있다는 장담(壯談)이 평양방송을 통해 쏟아져 나오니 아무래도 허풍이 좀 지나친 것 같다.

이것은 김정은의 희망사항일 것이며 김정은 세습체제가

그만큼 불안하다는 독백(獨白)으로 들린다.

김정은 유훈통치의 불안정과 돌발 상황이 우리 안보에 변수로서 지금은 북한군의 선제기습전략, 배합전략, 속전속결전략, 대량파괴전략, 사이버전략 등에 만전의 대비와 대응이 필요한 비상상황이라고 판단한다.

③ 북한의 예비군은 노농적위대 약570만명, 붉은청년근위대 약100만명, 교도대 약60만명, 준군사부대 약 40만명 등 무려 770만명 규모에 이른다.

정규군을 합하면 900만명에 육박한 상상을 초월하는 병력규모이며 예비군 모두가 중무장이다.

④ 1962년12월 4대군사노선에 의하여 북한의 모든 진지는 땅굴 또는 갱도화되어있으며 대피호, 방공호를 합하면 약 1만5천개의 지하갱도로 연결되어있다. 심지어 평양에서 남포까지 80㎞를 지하터널로 뚫어놓고 유사시를 대비하고 있다. 풍산군에 있는 비행장은 해발 1,300m의 한반도 지붕이라 불리는 개마고원에 동굴을 뚫어 만들었으며 활주로는 격납고와 연결되어 동굴로부터 나오면 그대로 비행할 수 있다.

함경남도 신포시 앞바다에 있는 마양도의 잠수함도 갱도에 들어가 있고, 동해함대 제2전단의 잠수함과 소형함

정도 갱도에 은닉되어있다.

⑤ 북한의 호전광들은 전쟁에 운명을 걸고 있다. 미사일과 핵무기도 결론적으로 주한미군 철수에 초점이 맞추어져 있으며 끝내 남조선혁명을 완수하고야 말겠다는 것이다.

북한은 남북대화도 남북교류도 모두 남반부혁명전술의 수단으로 이용하고 있을 뿐이다.

⑥ 위에서 짚어 본바와 같이 전쟁 말고는 전혀 활로가 없는 북한을 상대로 우리도 전쟁만이 통일의 담보조건이라고 단순화할 수는 없다.

우리는 냉정한 자세로 모든 지혜를 총동원하여 전쟁의 피해를 최소화할 비상출구전략을 짜야할 것이다.

우리의 철옹성 안보태세와 전쟁억지력 확보는 모든 대북정책의 확고한 전제 조건이다.

부전이굴인지병(不戰而屈人之兵, 善之善者也)의 지혜가 절실한 때이다.

지금 우리는 통일시대를 열기 위하여 국론을 모으고, 국제적 신뢰와 공조로 북한의 전쟁광들과 인민들을 분리시켜야 한다. 우리의 국력을 하나로 결집하여 북한 내부에 자유의 가치가 확산되어 세계적으로 큰 반향을 일으킬 수 있는 특단의 조치와 전술을 개발해야 한다.

그것의 시작이 지금 싹트고 있는 장마당과 지하교회이다. 탈북동포들이 북한에 자유를 전파하고 스며들게 하는데 온 힘으로 도와야 함은 물론 고도의 지능화된 정치군사심리전으로 북한의 지도부를 인민들로부터 고립시키고 굴복시켜야 한다.

우리는 모든 수단과 지혜를 동원하여 북한 인민들의 눈을 뜨게 하고 귀를 뚫어주어야 한다. 북한 내부를 흔들어 주체사상과 선군사상에 속박당하고 있는 인민들을 자유의 전사(戰士)로 돌려세워야 한다.

그리하여 내부와 외부의 힘이 합쳐져 북한의 전쟁광들을 몰아내고 통일의 깃발을 백두산 정상에 꽂아야 한다.

제2장 최근 국내외 전문기관의 한반도 진단서

1. IMEMO의 특별보고서

'세계경제 · 국제관계연구소' IMEMO는 1925년에 설립되어 현재까지 88년의 역사를 지닌 러시아 최고 권위의 국책연구기관이다. 1990년9월30일 한 · 소(1991년 한 · 러 수교로 전환됨) 수교에도 결정적 역할을 하였다.

이 IMEMO 시모노프 소장의 특별보고서는 480쪽 분량으로 이중 한반도 관련 내용은 5쪽에 달한다. 이 보고서는 2011년11월3일 확인되었다. 내용을 요약한다.

"2030-전략적 세계전망" "한국이 주도하는 한반도 통일이 러시아의 국익에 부합한다." "북 이미 붕괴 중, 2020년대엔 남에 흡수 통일될 것."

2012년~2020년 독이 된 권력이양- 김정일 퇴진
"2020년대~북한은 없다."

2020년대가 되면 북한이 한국의 통제에 들어갈 수 있도록 국제 감시 하에 북한 임시정부가 세워지고 북한군의 무장해제와 경제현대화 작업이 본격화될 것으로 보고서는 전망했다. 이 과정에서 "북한경제가 점차 한국경제에 흡수될 것이며 북한 내 구체제 지지자 100만여 명은 중국, 러시아로 탈출할 것"으로 예상했다.

통일한국의 인구는 7,600만~7,700만 명으로 추산된다. 보고서는 이어 "통일 한국의 경제발전이 중·일과의 3각 체제 구축과 크게 연관될 것"이라며 "이를 통해 대외무역이 증가할 것"으로 예상했다.

2020년대 초반에는 북한 경제발전에 따른 수입 증가로 무역적자가 예상되지만 2020년대 후반이 되면 통일한국은 무역흑자국으로 전환한다.

이 연구보고서는 북한을 깊이 있게 분석한 의미 있는 자료로서 관련국들에게 큰 반향을 일으킬 것이다.

2. 이명박정부 북한문제 회견문

2013년1월3일 이명박 정부 안보담당 최고책임자는 모 언론에 2시간30분 동안 남북문제에 대한 평가와 정보를 공개 발표했다.

이 당국자는 북한의 내부 상황에 대해 "배급제가 무너졌고 '장마당'이라는 시장이 들어섰다"면서 "북한 김정은 지도부가 주민과 군부의 불만을 잠재우기 위해 공안폭압 통치를 하고 있지만 북한내부의 '화학적인 변화'를 막기는 어려울 것"이라고 말했다.

"2010년3월 천안함 폭침사건 이후 대북지원을 중단한 5·24조치가 북한의 미래와 운명에 영향을 미치고 있다"고 밝혔다. "2010년11월 발생한 연평도 포격사건은 우리가 대북 지원 물품을 북한으로 싣고 가는 도중에 일어났다"면서 "차기 정부의 대북 지원 재개는 북한의 시장(장마당)을 '죽일 것이냐, 활성화할 것이냐'는 점을 고민하면서 결정해야 한다."고 강조했다.

이 당국자는 "북한은 한국이 제공하는 '산소 호흡기'와 '생명줄'이 없으면 생존유지조차 어렵다"며 "한국은 북한을 경제적으로 무력화할 수 있고 북한의 생존과 미래를 결정할 수 있다"고 말했다.

그는 북한의 '격변사태'와 관련, "다음 정부 시기 안에 일어날 가능성이 있다"면서 "한국과 중국 정상이 '통일한국'의 미래에 대해 논의하는 수준이다. 중국이 북한과 관련된 투자를 할 때는 우리 정부에 물어올 정도로 한·중이 어느 때보다 긴밀한 관계를 유지하고 있다"고 말했다. 계속해서 밝힌 내용을 요약한다.

㉠ 북한이 변하지 않고는 버틸 수 없는 상황을 만들어 놨다. 시장의 확대, 외부 정보의 유입, 이런 것들을 통해 북한 주민이 변화의 필요성을 느끼게 됐다. 이런 변화는 북한의 미래, 북한의 운명에 중대한 영향을 미칠 것이다.

㉡ 참여정부 5년 동안 대북 지원액이 45억 달러이다. 그렇게 많이 지원했음에도 핵실험은 핵실험대로 하고 참여정부 때만 NLL을 북한 경비정이 40번 침범했다.

연평도·천안함 사건은 한반도 평화유지에 있어 우리가 북한에 끌려가지 않고, 북한이 파기하려고 해도, 교란하려고 해도, 지속가능한 평화를 만들기 위한 과정에서 일어난 일이다. 우리가 효과적인, 독자적인 대북정책을 만드는 일도 중요하지만, 국제사회와 어떻게 조화를 이룰 것인지 다음 정부가 감안해야 할 것이다.

㉢ 우리의 고민은 식량지원이 북한의 변화, 시장 확대를 통해 일어나고 있는 모든 변화에 어떤 영향을 미치느냐는 점이다. 북한의 시장을 죽이느냐, 활성화하는 방향이냐가 중요한 고려 요소이다.

㉣ 우리는 우리 스스로 대북 영향력을 과소평가하는 경향이 있다. 국제적으로 세계를 움직이는 힘도 상당히 있다. 우리가 어떻게 대북정책을 정하느냐에 따라 북한의 운명이 달려있다. 지난 5·24조치로 북한의 외화를 어렵게 했고, 그 때문에 북한이 대규모 노동자를 외국에 파견했고, 외화벌이를 위해 북한이 국내에 써야할 석탄을 대규모로 중국에 수출하고, 여러 가지 자구책을 취했다. 핵과 미사일을 계속 개발하면 북한이 각오해야 할 조치들에 대한 많은 카드를 우리는 갖고 있다.

㉤ 북한 김정은 체제는 오늘 내일 위험한 상황은 아니다. 겉으로 멀쩡하게 평탄하게 후계 체제가 정착한 것으로 보이지만 여러 가지 복합적인 요인, 경제난, 인플레, 양극화, 시장의 확대, 정보 확산이 합쳐져 내부에 화학적인 변화가 일어나고 있다.

㉥ 김정은이 군에 대한 문민 통제를 강화했다. 군단장급 이상을 충성심 기준으로 인사하고 세대 교체했다. 군심을

흔들어봤고, 불만이 어떤 형태로 나타날지 두고 봐야 한다.

ⓢ 중국은 북한 체제 안정과 비핵화 두 가지 대북 정책 목표가 있다. 우선순위를 북한의 체제 안정에 두고 있다. 현재로서는 중국이 북한의 급격한 체제 붕괴를 수용할 준비가 덜 돼 있다고 봐야 한다. 중국내에 북한이 개혁해서 살아남으리라고 보는 사람은 없다.

ⓞ 남북 정상회담의 대가를 지불하고 할 수는 없었다. 북한은 우리를 식량창고 아니면 현금지급기 정도로 생각했다. 그래서 진전이 안 됐다. 5년 전 당선인 시절에 북한이 박근혜 당선인에게 제스처 하듯이 이명박 정부와도 잘 해보려고 취임식에 특사를 보내려고 했다.

북한이 선거 막판에 비판을 안 해 이명박 정부 탄생에 공을 세웠으니 감사하다는 친서, 즉 초청서한에다 당선에 기여한 공로를 평가하는 내용을 담아 달라고 해서 거부했다.

ⓙ 이명박 대통령이 자주 만나는 정상이 후진타오 주석과 원자바오 총리였다. 예전에는 의례적인 이야기를 많이 했지만, 한·중 정상이 북한의 미래, 한반도의 장래 문제를 논의하는 단계다. 대외적으로 공개하지 않지만 한·중

정상이 만나서 북한의 미래와 통일한국과 중국과의 관계를 논의하고 있다. 중국이 북에 투자할 때 우리에게 물어본다. 이런 것 저런 것 해도 되느냐고 다 물어본다.

제3장 결론 및 우리의 대응

1. 결 론

① 북한의 총체적 경제난은 불치병의 말기적 현상이며 주체사상과 선군사상이 이어지는 한 해결될 전망이 없는 속수무책의 상황이다.

② 북한의 군심, 당심, 민심이 살아있는 신 김일성, 김정일에게 무조건 고개 숙이며 절대복종하던 신권통치시대는 김정일의 사망으로 검은 장막을 접게 되었다. 그러나 김정은이 선군정치를 그만둘 수 없는 상황에서 북한의 긴박하게 돌아가는 현상과 세계의 정치 군사 풍향계를 면밀히 분석한 결론은 북한은 오래가지 못하고 앞으로 5~6년 내에 격변사태를 맞아 무너질 것으로 필자는 예상한다.

③ 그렇다고 북한 김정은과 그의 추종자들이 스스로 조

용히 무너지지 않을 것이다.

900만의 무장병력과 미사일, 핵무기, 대량살상화생무기를 무용지물로 하고 조용히 사라질 무리들이 아니다.

북한 전체가 갱도와 땅굴로 요새화되어 있고 김일성 일당이 북한을 접수한지 68년 동안 오로지 전쟁놀이 외에는 아는 것이 없음을 주목해야 한다.

거기에다 6·25 전쟁의 경험까지 가지고 있다. 미군 때문에 졌으니 이제는 미군과 남한을 한데 묶어 이기겠다고 야단법석을 떠는 것이 미사일, 핵실험이다. 미사일 핵무기 개발의 이유는 단연코 남조선혁명 즉 남조선적화통일이다.

④ 북한의 전쟁 마니아집단과 간교하고 사악한 세습독재그룹을 인민들로 부터 격리 고립시키는 정치선무공작과 군사대북심리전을 과감하게 전개하여 남쪽의 자유의 바람이 북한 전역에 거세게 휘몰아치게 해야 한다.

⑤ 향후 우리의 대북정책기조는 민족당사자주의에서 벗어나 북한이 세계에서 마지막 남은 전쟁광란집단으로 규정하고 적극적으로 전 세계적인 설득외교를 전개해야 한다.

요즈음 너무도 쉽게 쓰고 있는 우리민족끼리라는 용어

는 북한의 통일전선전술의 구호일지언정 정녕코 우리의 대북교류 슬로건일 수는 없다.

우리는 전 세계의 지지를 등에 업고 동북아 미래 평화의 공동가치 구현의 전략적 제휴를 중국에 제안하고 설득하며 북한을 압박하는 카드를 줄기차게 펼쳐 들어야 한다. 결과적으로 남북문제를 민족내부문제에서 지구촌 공동체의 평화정착의 틀에서 풀어내야 한다는 결론이다.

이 틀에서 한국 주도의 통일이 결코 중국의 국익에 반하지 않는다는 청사진을 과감하게 제시하는 고차원의 신뢰외교가 절실하다고 판단한다.

2. 우리의 대응

① 북한의 식량난, 외화난, 양극화, 에너지난, 물자난 등 인민이 굶주리는 복합적인 경제난은 북한 김씨세습왕조의 폭정과 계획경제가 자초한 결과산물이다. 이에 대한 근본적 진단 없이 값싼 동정심과 평화의 허상으로 마치 인도주의인양 민족서로돕기를 떠드는 것은 북한 독재집단에 폭정만을 연장시켜준다는 물음에 어떻게 설명할 수 있

을까? 답해야 할 것이다.

남한에서 식량, 돈, 물자를 주어서 전쟁을 막고, 평화를 얻고, 동포를 구한다는 교류협력의 햇볕, 포용의 논리는 오히려 전쟁을 재촉한다는 역논리의 물음에 설득력을 잃게 된다.

전쟁은 돈으로 막을 수 없으며 평화도 돈으로 살 수 없는 것이다.

우리민족끼리나 민족서로돕기와 무조건 교류와 협력의 환상에서 벗어나 북한의 전쟁광들을 UN과 연대하고 중국을 설득해서 한국의 주도로 제거하는 것이 한반도평화정착과 통일전략의 정답이다. 지금의 북한 상황은 남한에서 교류를 빙자해 선불리 과거와 같은 방법으로 돈과 쌀과 물자를 지원한다면 통일의 전령사인 장마당과 시장을 죽인다는 사실을 알아야한다.

북한에 무조건 퍼주기는 결과적으로 반통일, 반민족행위일뿐더러 종북행위라는 것을 명심해야 할 것이다.

민족서로돕기가 아니라 민족서로죽이기가 된다는 해석이다. 이제 남북 교류협력은 김씨세습왕조를 몰아내는 기조에서 새판을 짜고 통일한국을 목표로 새롭게 출발해야 한다.

② 새로운 대북정책은 북한의 세습독재자와 남조선혁명만을 절대가치로 내세운 호전광 무리들과 인민들은 확실히 구분해야 한다.

막연하게 우리민족, 북한이 아니라 김일성민족인 독재광들과 우리민족인 인민들을 구분하여 철저하고, 매섭고, 따뜻하게 대북정책의 기본 틀을 바꿔야 한다는 말이다.

우리민족에서 김일성민족을 빼야 통일한국이 이루어진다. 이러한 한반도 통일 사업에는 전 세계에 퍼져있는 우리 교민들을 조직적으로 해외통일세력으로 활용해야 한다.

또한 우리의 민·관 전체의 외교력으로 UN을 통해 여론을 확신시킴은 물론 특히 중국과는 통일한국이 반중국화가 아니라 선린우호국 내지 평화협력국으로서 중국의 화평굴기(和平崛起) 정책기조에 믿을 수 있는 동반자라는 확신을 심어주는 신뢰외교를 성공시켜야 한다.

북한의 세습독재가 고립무원의 절벽에 서게 되고 인민들의 눈과 귀가 열리게 되면 북한의 세습독재는 추풍낙엽처럼 급속도로 무너질 것이다.

③ 북한의 노약자나 어린이들에게 동포애로서 지원하는 식량과 물자도 분명히 받는 당사자들이 남한동포들의 민족 사랑의 뜻을 알 수 있도록 확실한 방법으로 지원해야

한다. 지금까지의 남북교류와 지원은 단 한 번도 북한이 감사의 인사는커녕 남한이 진상하는 조공쯤으로 여기고 고자세로 큰소리만 쳐온 것이 남북교류의 추한 역사요 실상이다.

지금까지 우리가 북한에 지원한 돈과 식량과 물자는 엄격하게 따지면 김씨세습왕조와 핵심군부에 제공한 것이지 굶주리는 인민들과는 별 상관없는 지원이었다는 것이 정론이다. 북한은 군량미 확보와 미사일 핵개발이 더 다급하기 때문이다.

북한의 집권층은 우리의 평화를 바라는 동포애적 지원을 남한에서 얻은 전리품인양 오판하고 배 뚜드리고 큰소리치며 폭정에 더 열을 올리는 기현상을 반복하는 것이 지금까지의 남북 교류 협력의 실체라고 해도 과언이 아니라고 판단된다.

달라는 시기에 달라는 대로 주지 않으면 북한 군복을 입은 자가 평양방송에 나와 공갈 협박을 일삼는 깡패집단이 바로 북한이다. 과거 10년간 굽실거리며 갖다 바쳤으니 그럴 만도 하다. 이제는 바뀌야 하며 바꾸지 않으면 통일은 영영 멀어지게 된다.

남북교류의 의미가 미래 민족통일을 최고의 가치로 여

긴다면 한반도 통일에 저해 요인을 제공하는 교류나 행위는 절대 금물이다.

④ 남북관계의 필요조건은 안전보장이다. 안보를 통한 평화가 전제되어야 한다. 4세기 고대 로마의 전략가 베제티우스(Flevius Vegetius Renatus)는 "평화를 원하거든 전쟁에 대비하라"(Si Vis Pacem, Para Bellum.)

즉 "평화는 거저 얻어지는 것이 아니라 전쟁을 치를 각오 하에 철저한 대비와 전쟁이 발발했을 때 죽음을 무릅쓰고 싸움에서 반드시 승리한다는 신념을 가진 자만이 누리고 향유할 수 있는 것"이라는 뜻이다.

북한 군부가 한·미연합사의 보복 공격으로 북한전체가 초토화된다는 인식이 확산된다면 대남 무력 도발을 할 수 없을 것이다.

북한이 미사일·핵실험을 계속하는 이 시기에 한·미연합사의 해체는 무기연기 되어야 한다. 전쟁의 단초가 될 수 있기 때문이다.

한·미연합작전 능력을 무결점수준으로 끌어올리고 북한에 경고 메시지를 보냄으로써 무력도발 의지 자체를 말살해버려야 한다.

여기에도 중국의 역할이 변수로 등장한다.

동시에 남한의 자유와 인권이 보장된 사회체제가 북한에 전파되도록 적극적인 심리전과 선무공작을 다방면으로 과감하게 전개하여야 한다.

북한의 장마당, 지하교회를 출발점으로 노농적위대까지 세계의 자유, 평화, 개혁 개방의 흐름을 읽고 자유를 위한 제2전선이 형성되는 결정적 계기를 우리가 만들어야 한다.

통일이 거저 얻어지거나 누가 갖다 주는 것은 더욱 아니다. 북한의 세습독재가 격변기를 맞아 변란으로 확대될 때 국제적인 여론과 지원 하에 한국이 북한을 접수 통일하는 수순으로 나아가야 할 것이다.

이에 앞서 우리 남한 내의 친북, 종북조직을 소탕하는 과감한 통일작업이 선행돼야 할 것이며 국내 친북조직을 그대로 두고 통일을 꿈꿀 수는 없다. 바야흐로 통일시대를 여는 철저하고 대담한 정지작업이 절실한 때이다.

남한의 통일 제1전선이 북한의 2전선과 통합전선을 이룰 때 통일의 숙원을 달성할 수 있을 것이며 희생도 최소화할 수 있는 묘책이라 하겠다.

우리 정부는 통일과정에서 북한군의 단말마적 도발로 야기될 수 있는 우리의 피해, 희생도 정밀 예측하여 소상하게 국민에게 공개하여 민간방어(Civil Defense)의 사전 대비로 피해가 최소화되도록 해야 할 것이다.

119만의 북한군과 770만의 예비군이 조용히 주저앉지 않을 것임을 전제해야 할 것이다. 현재와 같은 한국 국민의 안보 불감증과 무관심으로는 통일을 꽃피울 수 없을 것으로 진단한다.

따라서 우리의 안전보장의식이 한 덩어리의 뭉쳐진 힘이 될 수 있도록 안보 제1주의의식으로의 재빠른 전환을 위해 거국적인 계몽과 대책이 필요할 것이다.

이것이 한반도통일의 강력한 제1전선이 될 수 있도록 새 정부가 국민의 신뢰를 바탕으로 앞장서야 할 일이다. 통일한국의 달성은 민, 관, 군이 일체를 이뤄야 할 총궐기, 총동원사업이다.

⑤ 북한은 2013년2월12일 오전11시57분 3차 핵실험을 강행했다. 역시 함경북도 길주군 풍계리 1・2차 때와 같은 곳이다.

단언컨대 이번 미사일, 핵실험은 이미 오래전에 짜인 김정일의 일정표에 따라 미사일과 핵무기를 완성하고 2012년 강성대국 건설하여 주한미군 철수시키고 남조선혁명을 완수하겠다는 김정일의 유작(遺作)인 것이다.

이는 미국 중국 등 아랑곳하지 않고 제멋대로 독재왕국을 계속 세습하겠다는 벼랑끝전술로 분석된다. 김정은과 추종세력들은 이 지엄한 유훈을 절대 받들어 모셔야만 하는 운명을 비켜갈 수 없다.

그리고 파탄난 민심, 군심, 당심을 달래야 하는 절박한 상황은 내일을 내다 볼 여유가 없다. 김정은은 북한을 김일성, 김정일이 이미 짜놓은 스케줄(Schedule)에 따라 갈 데까지 끌고 갈 수밖에 별도리가 없게 되어있다.

만일 중단하거나 변경한다면 김정일이면 할 수 있는데 김정은이니까 못한다, 라고 해석되기 때문이다. 이것이 김정은의 큰 딜레마라고 할 수 있다.

북한의 미사일·핵실험은 완성될 때까지 누가 뭐라 해도 계속할 것이며 대화, 교류, 협상 등으로 중단할 수 없는 북한 세습정권의 선택의 여지없는 마지막 생존수단이며 유훈족쇄이다.

따라서 6자회담 등으로 핵을 폐기시킨다는 것은 북한을 너무도 모르는 나이브(Naive)한 발상이다. 역설이지만 주한미군 철수하고 미국이 한반도에서 손을 떼는 조건이라면 가능할 것이다. 미군만 없으면 무력으로 남조선해방을 완수할 자신이 있다고 믿고 있으니 말이다.

* 군사적인 측면에서의 분석; 북한의 미사일과 핵개발은 상호 연계되어 있다. 미사일 개발의 전술적 목표는 재래식폭탄의 운반이 아니라 대량살상무기의 운반 수단이며 장거리 및 ICBM의 경우는 더욱 그렇다.

핵개발은 항공기를 투발수단으로 한 핵폭탄이 아니라 소형화 핵탄두를 개발하여 미사일에 장착하는 전술핵무기가 전략적인 가치다.

미사일 실험을 하고난 후 연이은 핵실험은 바늘과 실의 관계이다. 북한이 은하3호를 시험 발사하고 3차 핵실험을 한 것은 소형 핵탄두를 개발하기 위한 필수적인 실험이라고 판단하는 것이 군사적 상식이다.

북한은 미사일·핵개발이 완성될 때까지 계속 추가 반복 실험을 할 수밖에 없는 처지라고 판단한다.

주체사상과 선군사상이 지향하고 있는 세습왕조체제의 본질상 미사일, 핵무장, 남반부 적화통일의 시나리오를 김정은이 변경하거나 멈출 수 없게 되어 있다.

* 정치적인 측면의 분석; 북한의 미사일과 핵개발은 김일성이 이미 57년 전에 짜놓은 주한미군 철수와 남조선혁명 완수의 각본에 따른 것이다.

북한은 미사일과 핵무기가 완성되는 결정적 시점에 미국과의 운명을 건 담판으로 평화협정, 주한미군 철수, 남조선혁명 완료의 이판사판식 벼랑끝카드를 꺼내들 것이다.

이때 한반도에 위기가 휘몰아칠 수 있지만 필자는 역으로 북한의 자충수가 될 가능성이 더 높다고 판단한다. 미사일·핵무기가 완성되는 시점에는 북한의 모든 것이 파탄상태로 미사일·핵무기를 받쳐줄 힘이 빠져버리기 때문이다.

한편 국제사회와 중국까지도 북한의 핵전쟁으로 인해 무너지는 인류 평화의 소중한 가치를 방기(放棄)할 수 없을 것이다.

우리 대한민국은 이러한 상황에 미리 대비해야 한다. 현재 미국이 제공한다는 핵우산은 북한이 다종류의 미사일과 핵무기가 완성되어 전술핵무기로 사용이 가능한 시점에서는 매우 불완전하다.

현재의 남북한 상황은 한·미상호방위조약을 실제상황에 선제 적용할 수 있는 단계로 보완하지 않으면 현 체제로는 매우 불충분한 것이 북한의 오판을 불러오지 않을까 염려된다.

더욱이 핵무기는 실전에 사용여부와는 상관없이 비대칭 전력으로서 전략 전술상 막강한 압력수단으로 아군의 재래식전쟁 자체를 위축시키는 압박수단이 된다는 것을 간과해서는 안 된다.

이 시점에서 한·미연합사 해체의 일정을 무기 연기해야 할 것이다. 한·미연합사 체제에서도 북한의 호전성이 기승을 부리는 긴박한 상황에서 실제 해체 시에는 북한의 오판으로 전쟁의 불씨가 될 수 있다.

*** 미사일 핵개발을 실리적으로 분석해 본다면 북한이 취할 실리는 없다.**

지금의 미국과 한국, 일본, 중국, 러시아 및 국제사회는 북한 미사일·핵실험 협박에 식량과 기름을 제공할 상황이 아니다.

북한의 경제는 나락으로 더 떨어질 것이고 미사일·핵실험으로 굶주리는 민심에 순간 진정제는 될지언정 해결책은 될 수 없다.

오히려 시간이 흐를수록 부작용과 민생고의 반감을 부채질하게 될 것이다. 북한이 아무 실리도 없는데 막대한 돈을 투입하여 계속 미사일·핵실험을 강행하는 데는 유훈이기도 하지만 다른 생존방도가 없으니 갈 데까지 가보자는 것이다. 결론적으로 김정은 세습왕조에 낙조가 드리워진 현상이라고 진단한다.

자고로 세습왕권이나 서슬 퍼런 독재의 속성은 기승을 부릴 때는 세상을 집어삼킬 듯 무적의 힘을 뿜어내지만 패망기를 맞으면 마치 바람 빠진 풍선처럼 급전직하로 떨어져 소멸되는 것이 역사적 교훈이다.

제4장 공산주의선도국(先導國)의 변혁으로 본 북한 진단

1. 소련공산당정권의 붕괴

1848년2월 영국 런던에서 30세의 마르크스(Karl Heinrich Marx)와 28세의 엥겔스(Friedrich Engels)에 의해서 공산당 선언이 발표되었다.

마르크스는 공산당 선언에서 "지금까지의 모든 사회의 역사는 계급투쟁의 역사다"라고 규정하고 "프롤레타리아가 혁명에서 잃을 것은 쇠사슬뿐이요, 얻을 것은 세계 전체다" "전 세계의 프롤레타리아여, 단결하라!"로 끝을 맺었다.

그로부터 69년 후 1917년11월7일(러시아 구력 10월 25일) 오전10시 블라디미르 일리치 레닌(Vladimir Ilich

Lenin)은 러시아에서 공산주의 혁명에 성공한다. 세계 최초의 볼세비키(Bolsheviki)공산당 혁명이며 마르크스주의 혁명이었다. 그의 나이 47세였다.

이 소비에트사회주의연방공화국(소련) 공산당정권은 1991년12월31일 지구상에서 그 이름과 더불어 사라지고 말았다. 74년 만에 붕괴된 사건이다. 공산주의 창시국이자 국제공산주의 종주국인 소련이 어떻게 붕괴 해체되었는가를 분명히 할 필요가 있다.

혁명세력은 "빵과 토지와 평등"을 앞세워 노동자, 농민을 주력군으로 이용했다. 그러나 혁명구호는 혁명동조세력을 끌어 모으는 '주술(呪術)'에 불과했고 결국 어느 것도 실현되지 않았다. 혁명의 간판이었던 "빵과 토지와 평등"은 만민의 빈곤과 굶주림을 초래했다.

자기 삶을 위해 열심히 일하여 잘살아 보려고 하는 인간의 본능은 말살되고, 사회주의 이념에 따라 다 같이 시키는 대로 따라가야 하는 수동적이고 피동적인 맥 빠진 인간군으로 바뀌어 버렸다.

소련공산당정권에 반대는 곧 죽음이며 자유마저 빼앗긴 동토의 왕국이 되어 다 같이 굶주려야 하는 수용소군도로 변하고 말았다.

국민의 한 개인은 전체를 위하여 존재하는 가치 외에는 아무런 의미가 없었다. 1970년 노벨문학상을 받은 솔제니친의 "수용소군도"가 소련의 붕괴를 잘 설명해 주고 있다.

소련은 세계 6분지 1의 넓은 대륙을 가지고 있고 지하자원도 풍부하고 핵보유국으로서 미사일, 인공위성, 항공기 등 첨단무기 분야에서 결코 미국에게 뒤지지 않는 세계 최강을 자랑하고 있었다.

소련의 모든 산업의 핵심은 군수산업이 중심을 이루고 있었으나 민생과 직결되는 경공업분야는 후진국 수준에 머물러 있었다.

소련은 공산주의 국가로서 군사대국으로는 손색이 없었으나 민생과 경제는 파탄상태였다. 세계최강의 첨단무기와 군사력도 받쳐주는 경제가 없으니 무용지물과 같이 되어 버렸다.

소련은 지하자원을 팔아 식량을 구하느라 국력이 소진되어 껍데기만 남게 되었다. 국민은 헐벗고, 굶주리고, 생산성은 최하의 바닥이었으며 농업은 황폐화 되어 가난의 평등으로 허우적대고 있었다.

소련에 스며드는 서방세계의 자유롭고 잘사는 소식들은 공산당의 정치체제에 염증과 불만을 넘어선 반발을 도처에서 표출시키고 있었다.

“만국의 프롤레타리아여 단결하라”는 공산당선언으로 닻을 올린 소련공산당에 종말의 그림자가 드리워지고 있었다.

이때 소련공산당 권력구조에 이상이 감지된다. 레닌, 스탈린, 후루시쵸프, 브레즈네프로 이어지던 소련공산당 서기장이 제5대 유리 안드로포프(Yuri Andropov)에 이르러 문제가 생겼다.

안드로포프가 선임된지 불과 15개월 후인 1984년2월9일 70세의 나이로 사망한다. 곧 이어 등장한 제6대 서기장 콘스탄틴 체르넨코(Konstantin Chernenco)도 1985년3월10일 13개월 후 74세의 나이로 또 사망한다.

소련공산당에 비상이 걸렸다. 죽는 데 겁이 난 소련공산당은 54세의 비교적 젊은 미하일 고르바쵸프 (Mikhail Sergeevich Gorbachev)를 선임하여 1985년3월 제7대 소련공산당 서기장으로 취임한다.

그는 모스크바대학교 법학과를 졸업한 인텔리였다. 가난에 찌든 나라를 떠안게 된 고르바쵸프는 미국에서 날아온 소식에 충격을 받았으며 절망적 나락에서 출구를 찾지 못했다.

1983년3월23일 미국의 제40대 대통령 로널드 레이건(Ronald Wilson Reagan)이 발표한 SDI(Strategic Defense Initiative)계획이라는 전략방어구상이었다. 이것은 기존의 핵무기체계를 무력화(無力化)시키고 우주병기시대를 여는 천지개벽과도 같은 발표였다.

요약하여 해설하면 태평양 상공에 레이저 망으로 소련에서 날아오는 핵탄두미사일을 낚아채서 대기권 밖으로 보내 태워버린다는 것이다.

이미 미국은 여기에 투자한 금액이 300억$가 넘었다.

한술 더 떠서 수일 후 캐스퍼 와인버거(Caspar Willard Weinberger) 미국 국방장관은 향후 5년간 5,000억$를 투입하여 소련에서 날아오는 핵탄두미사일을 발사 원점으로 되돌려 보내겠다고 발표했다.

여기에 소련으로서는 속수무책으로 백기를 들 수밖에 없었다.

고르바쵸프는 국토도 넓고, 미사일, 핵무기로 무장한 막강한 군사력도 있지만 미국 경제력의 4분지1에 지나지 않는 소련의 처지에서 미국과의 새로운 무기 경쟁을 벌일 수 없는 상황이었다.

고르바쵸프는 미국과의 사활을 건 냉전체제를 지속할 수 없었다. 드디어 고르바쵸프는 미국에 대하여 탈냉전을 위한 화해정책이라는 새로운 구상을 밝힌다. 드디어 굳게 닫혔던 동토의 왕국 소련의 육중한 철문이 열리는 신호였다.

수용소군도에 갇혀 굶주리던 죄 없는 국민들도 자유의 함성을 지르게 된 것이다.

고르바쵸프는 첫 단계로 미국에게 제한된 화해(Limited Accommodation)를 제안하게 된다.

한편 고르바쵸프는 국내정치의 방향을 페레스트로이카, 그라스노스트 즉 개혁개방정책으로 급선회하여 서방세계와의 벽을 낮추거나 헐어버리고 문을 열어젖히게 된다. 한편 미국과의 관계도 더욱 증대시켜 나갔다.

그러나 국내정치 상황은 예상외로 급박하게 숨을 몰아쉬고 있었다.

68년 동안이나 동토의 왕국에서 굶주리고 얼어있던 국민들의 분출하는 욕구와 요구는 고르바쵸프의 개혁개방정책으로는 감당하기가 어려웠다.

국민대중은 당장 먹고사는 문제뿐만 아니라 공산주의 치하의 암흑 속에서 억눌렸던 정치적 자유와 거센 민주화 요구가 한꺼번에 폭발하여 기존의 공산주의를 바탕으로 한 점진적 개혁 개방정책은 폐기해야 할 운명에 직면하게 된 것이다.

그리하여 다당제에 의한 선거제도가 도입되는 민주화의 길로 접어들 수밖에 없었다. 공산주의 철권독재도 인간의 본능적 자유를 억누르고 짓이기고 짓밟을 수는 있었지만 자유의 불씨마저 꺼버릴 수는 없었다.

어떠한 고난에도 자유를 바라는 인간 본연의 불씨는 꺼지지 않는 법이다.

소련의 몰락에서도 여실히 증명되고 있는 이 불변의 진리를 북한의 위정자들은 정녕 모른단 말인가?

소련은 많은 고비를 넘기고 시련을 겪으면서 민심의 요구에 따라 개혁개방을 밀고나간 끝에 드디어 1991년12월 31일 소비에트사회주의연방공화국의 간판을 내리고 오늘의 러시아로 재탄생하게 되었다.

소련에서 얻은 교훈은 첫째가 짓밟힌 민심도 결코 죽지 않고 천심(天心)으로 살아있다는 것이다.

둘째는 아무리 총칼로 철권을 휘둘러도 영원할 수 없으며 끝내 민심 앞에 굴복한다는 것이다.

셋째는 인간의 굶주림과 속박된 자유는 불씨조차 꺼진 것이 아니라 오히려 때를 만나면 무섭게 분출하여 무엇이

든지 녹여버리는 용광로가 된다는 것이다.

2. 중국공산당의 진로 변경

모택동은 1949년10월1일 중화인민공화국을 건국하였다.

1946년부터 시작된 4년여의 중국 국공내전에서 모택동의 120만 홍군은 끈질긴 공격으로 장개석의 국민당군 430만을 물리치고 중국의 천하통일을 이루었다.

모택동은 중화인민공화국의 국조(國祖)이자 전쟁영웅으로 우뚝 서게 되었다.

모택동은 마르크스, 레닌의 사상을 신봉하는 고전적 공산주의자이다. 모택동과 그를 지지하는 주류파는 이데올로기, 계급투쟁, 평등주의, 배외주의를 기본 정치철학으로 무장하고 있었으며 비주류파인 등소평, 유소기 등은 경제성장, 교육개혁 등 실용주의노선을 신념으로 삼고 있었다.

이 주류와 비주류파의 두 세력은 철저한 공산주의자들이면서도 정반대의 실천정치철학을 가지고 있어 당내에서는 보이지 않는 갈등과 암투가 계속되고 있었다.

모택동 주석이 야심차게 시작한 인민공사제도와 대약진

운동 등 경제정책이 대실패로 끝나자 도시와 농촌 할 것 없이 모두 굶주림과 빈곤으로 가난의 평등을 이루게 되었다.

소련 등 공산주의국가에서 그러하듯이 중국 또한 사유제도를 인정하지 않고 공산주의의 기본 틀인 계획경제를 채택하였으니 실패는 자명한 결과물이었다. 모택동의 경제정책 실패는 마침내 사상투쟁을 불러 들였다. 공산당의 지배 권력을 강화하기 위해 칼을 빼들었다.

본격적으로 모택동독재를 위한 대숙청작업과 살육전이 일어나고야 말았다. 공산주의는 인민들의 자유와 굶주림의 불만을 억압하기 위해 사상투쟁을 벌여 폭압과 공포의 대숙청을 단행할 수밖에 없다.

이것이 공산주의국가에 흔히 있는 사상혁명화사업이다. 어느 공산주의국가이건 혁명이란 이름으로 엄청난 인민을 살해 처단한 무덤위에 세우는 것이 공산주의국가의 교본이다.

모택동은 이 교본에 따라 경제실패를 만회하고 자신의 독재 권력을 더욱 강화하기 위해 1966년부터 1976년까지 무려 10년간 문화대혁명을 일으켜 등소평 등 비주류파들을 주자파(走資派)로 몰아 숙청하였다.

이른바 4인방으로 일컬어지는 강청(江青), 왕홍문(王洪文), 장춘교(張春橋), 요문원(姚文元) 등을 선봉장으로 삼고 홍위병들을 동원하여 모택동사상에 조금이라도 반대하는 세력과 사람들은 남김없이 숙청 처단하였다.

중국 천지를 붉은 피바람이 휩쓸어버렸다. 이 홍위병들은 대부분 어린 학생들이었고 그 수가 자그마치 1,000만 명이 넘었다.

이들 홍위병들은 맹목적으로 모택동을 지지하며 닥치는 대로 살상과 파괴를 하였으니 중국 전체의 산업시설이 거의 파괴되고 도시기능이 정지되었으며 모택동사상에 대한 의심만 들어도 여지없이 숙청하였다. 한 지도자의 과욕이 빚어낸 비극이었다.

그러던 모택동도 1976년9월9일 생을 마감했다.

모택동 사망 후 화국봉을 거쳐 숙청되었던 등소평이 재등장하였다. 인생 오뚝이 부도옹(不倒翁)이었다. 등소평이 집권한 후 중국은 모택동의 중국과는 완전히 다른 정반대의 중국으로 변모하기 시작한다. 우선 중국 공산주의 사회를 진단한 등소평의 첫 진단서가 사회주의 초급단계론(社會主義初級段階論)이었고, 흑묘백묘론(黑猫白猫論)이었다.

즉 사회주의는 분배의 균등을 이념으로 하고 있는 데 똑같이 분배하려고 해도 무엇이 있어야 나누어줄 수 있지 않는가? 아무 것도 없으면 분배라는 말조차 할 수 없는 것이다. 따라서 등소평은 과감하게 모택동식경제정책을 철폐하고 경쟁을 전제로 한 사회주의시장경제체제를 채택하기 위해 선언한 것이 사회주의초급단계론이다.

또한 교육개혁 등 모든 사회분야를 능력과 능률이 우선시되는 개방사회를 만들기 위해 모택동식의 이념우선정책을 폐기선언하면서 고양이는 색깔이 검고 희건 간에 쥐를 잘 잡는 고양이가 좋은 고양이다고 비유법을 써서 설명한 것이 흑묘백묘론이다.

본격적으로 중국의 생산성을 끌어올리고 이념의 굴레에서 벗어나려는 등소평식 개혁개방의 신호탄이 쏘아 올려졌다.

바야흐로 등소평의 강력한 개혁개방정책은 바로 실천에 들어갔다.

그 첫째가 1977년 말 시급한 인재 양성을 위해 200년 전통의 북경대학의 문을 활짝 열어 젖혔다. 과거의 사상성분만 따지던 때에는 상상조차 할 수 없던 일대 혁명이었다.

전국의 수재들이 구름처럼 모여들어 경쟁률이 무려 2,500 대 1을 기록했다. 등소평은 여기에서 그치지 않고 중국의 미래를 책임질 두뇌를 키우려고 다시 최우수학생과 교수를 선발하여 미국의 자본주의식 경영학과 첨단기술을 배우기 위해 유학을 보냈다.

등소평은 자본주의를 타도 말살하는 마르크스, 레닌, 모택동식 공산주의가 아니라 자본주의와 공생 공영하는 등소평식 공산주의를 택하고 밀고 나갔다.

그리하여 미국과 한국과 일본은 물론 전 세계와 교역의 문을 활짝 열어 자본주의식 경영을 도입하고 돈벌이에 바쁜 중국식 사회주의 시장경제체제를 안착시켜 경제대국의 꿈을 키워나갔다.

개혁개방 초기 중국의 13억 인구는 먹여만 준다면 무엇이든지 한다며 벌 떼처럼 일어나 산업현장으로, 농업현장으로, 연구소로 몰려들었다. 이것이 오늘날 중국의 모습을 있게 한 역사적 시발이다.

역사는 능력 있는 사람에 의해 만들어지는 것이다.

중국을 연구하면서 얻은 교훈은 마르크스와 레닌, 모택동 등은 공산주의 논리와 사상으로 닻을 올려 보았지만 더 나아가지 못하고 벽에 가로 막혀 주저앉는 모습을 볼 수 있었다는 것이다.

그들의 논리와 주장과 사상은 허구였고 결국은 실패한다는 것을 보여줬다. 공산주의 논리는 한풀이식 선동에 불과했으며, 사회발전의 동력도 아니었으며 더구나 평등의 가면을 쓴 독재를 위한 폭력이었다는 것을 입증한 역사적 사례이다.

모택동은 서방자본주의는 배척의 대상이고 자본주의의 무덤이 곧 공산주의이며 공산주의가 인류를 평등으로 구원한다는 사상이라고 믿고 수많은 죄악을 저질렀다.

모택동은 고전적 공산주의만이 세계의 평화를 지배할 수 있다는 환상을 실패로 마감한 독재자에 불과했다고 필자는 평가한다.

반면 등소평은 분배의 결과를 위해 분배의 원인을 해결하는 실용적 공산주의자이며 자본주의는 배척의 무덤이 아니라 공존과 경쟁의 동반자이며 고전적 공산주의는 실패한다는 것을 입증한 실용적 공산주의자였다.

결과적으로 인민의 삶을 보장하지 못하는 공산주의는 소멸한다는 것을 보여 준 사상가이자 현실론자라고 평가한다.

등소평 사상에서 필자가 느낀 것은 공산주의도 기업과

개인의 경쟁 원리를 출발점으로 생존전략을 택한 이상 종점은 결국 자유민주주의 사회일 수밖에 없다는 결론이다.

등소평은 마르크스, 엥겔스, 레닌, 스탈린, 모택동식 공산주의로는 공산당 자체를 지탱할 수 없다는 새로운 논리를 주장하고 실천에 성공한 지도자이다. 이것은 공산주의의 변질이 아니고 공산주의의 출발이 잘못되었다는 것을 확인시켜준 역사적 사례라고 평가한다.

마르크스의 "전 세계의 프롤레타리아여 단결하라"는 구호 대신에 필자는 "전 세계의 프롤레타리아여 각성하라"고 외치고 싶다.

중국을 살펴보면서 북녘 동포들에게도 최소한 등소평, 고르바쵸프와 같은 현실주의자가 나와서 죄 없는 동포들의 굶주린 배를 어루만져 주었으면 하는 소박한 희망을 가져본다.

중국도 소련과 마찬가지로 평등과 무산계급해방을 구호로 앞세운 공산주의혁명에는 성공했으나 평등도 아니고 노동자·농민의 해방도 아니었다는 사실을 분명히 인식해야 한다.

결국은 공산주의에 속았던 무산대중들도 쇠사슬에 묶인 자유를 풀고 굶주림에서 탈출하기 위해 공산주의를 미련

없이 버렸다는 것은 살아있는 인류역사의 교훈으로 지구촌이 겸허히 받아들여야 하겠다.

더욱이 북한의 위정자들이 이 교훈을 심각하게 되새겨 보았으면 한다.

3. 베트남 공산당의 변신

베트남은 지리적으로 중국대륙의 변방으로서 우리 한반도와 비슷한 역사적 배경을 가지고 있다.

1954년7월21일 프랑스 원정군이 베트남 독립군에게 패전하자 제네바협정에 따라 북위 17도선 이남에는 자유민주주의 정부인 베트남공화국(월남)이, 이북에는 공산주의 정부인 베트남민주공화국(월맹)이 각각 수립되었다.

1964년 통킹만 사건으로 베트남전쟁이 시작되어 지루한 전쟁이 계속되던 1968년5월10일 미국은 월맹과 파리에서 휴전을 위한 비밀협상에 들어갔다. 미국에서는 키신저, 월맹에서는 레둑토가 협상대표로 나섰다.

파리비밀협상이 시작되기 전 해인 1967년9월3일 월남 대통령 선거에는 11명의 입후보자가 난립하여 혼전을 벌인 끝에 구웬 반 티우가 당선되었다.

이 선거에서 차점으로 낙선한 야당 지도자 쭝딘쮸는 선거 유세에서 "동족상잔의 전쟁에서 시체는 산을 이루고 있다. 우리 조상이 외세를 끌어들여 동족끼리 피를 흘리는 모습을 하늘에서 내려다본다면 얼마나 슬퍼하겠는가? 월맹과 대화를 통해 얼마든지 평화협상이 가능한데 왜 북폭을 하여 무고한 인명을 살상하는가? 내가 대통령에 당선된다면 북폭을 중지시키고 평화적으로 남북문제를 해결하겠다" 월남 국민에게 평화반전여론을 심었고 특히 미국에서 반전여론을 일으키는데 큰 자극제가 되었다.

그가 월맹의 간첩으로 밝혀진 것은 1975년4월30일 월남이 패망한 직후였다.

1973년1월27일 프랑스 파리에서는 5년이 넘게 끌어오던 베트남전을 종식하는 역사적인 휴전회담이 열렸다. 키신저는 월맹에 40억$(20억$는 미국의 직접원조, 나머지 20억$는 IBRD차관)의 원조를 제공하여 피폐한 월맹의 경제재건을 돕기로 하고 교전당사국인 미국·월남·월맹·베트콩(베트남민족해방전선) 등이 휴정협정에 서명했다.

휴전을 담보하기 위한 캐나다, 이란, 헝거리, 폴란드 4개국 서명도 모자라서 영국, 소련, 프랑스, 중국 4개국 외무장관을 서명에 참여 시켰다. 문서상 휴전협정은 나무랄 데가 없어 보였다. 이 평화협정에 따라 총성은 멈췄고 모든 외국군은 월남에서 철수했다. 미국은 공산주의자들의 혁명전술을 너무도 몰랐다.

철수하는 미군은 월남군 58만 명에게 최첨단 최신무기를 인계하여 무장시켰고 그 무렵 월남 공군력은 세계 제4위를 기록하기도 했다. 그러나 월남을 지켜내는 데는 아무 소용이 없었다.

한편 월맹은 미군의 북폭과 경제봉쇄로 도저히 전쟁을 수행할 힘이 없어지자 평화회담에 나섰다. 월맹은 월남해방의 기본전략을 더욱 공고히 하면서 전술만 약간 바꾼 것이다.

그것은 "월남에서 미군을 몰아내고 민중봉기를 일으켜 인민민주주의 정부를 세우고 무력으로 남반부를 해방시켜 조국통일을 달성한다"는 것이었다. 휴전협정 이전부터 월맹간첩들이 월남 곳곳에 침투하고 있었다.

1969년 베트콩이 베트남임시혁명정부로 개편되어 캄보디아 국경선 근처 반릉성 내 지하땅굴에 있던 혁명정부 청사에는 월남정부, 각 부처, 월남군 총사령부에서 이루어지는 극비회의 내용이 하루 후면 상세히 보고될 정도로 티우 정부의 핵심부가 월맹간첩에 침투되어 있었다.

월남에서 모범 도지사로 소문나 있던 '녹다오'를 위시한 많은 정치인, 관료들이 간첩이었음이 월남 패망 후에야 드러났다.

대공정보기관도 허울뿐이고 월맹정보는 물론 내부에 침투한 공산간첩 검거에도 힘을 쓰지 못했다. 한 나라를 쉽게 망하게 하는 것은 정보기관이 무력화 되는 것이다.

월남의 패망은 외적(外敵)이 아니라 부패와 내부갈등과 혼란으로 적의 침공을 불러 일으켰다는 점을 생각할 때 우리의 현실이 너무도 걱정된다.

1973년 휴전 이후에도 월남은 월맹보다 경제력과 군사력에서 비교자체가 안될 만큼 앞서 있었다. 그래서 월남 수뇌부와 국민들은 낙관하며 평화의 콧노래를 부르고 있었다.

누구도 월맹군의 남침을 믿지 않고 평화에 잠들어 있었다. 월남지도부의 사고와 국민들의 안보 무관심은 고스란히 월남군 58만 명의 정신과 사기에 영향을 주어 군인정신이 해이해지고 군기가 문란해지고 군의 부정, 부패로까지 확산되어 월남군대는 무기만 최신무기로 무장되어 있었지 허수아비나 다를 바 없었다.

거기에다 월남 지배층은 부정축재, 황금만능주의에 빠져 체제반격세력들에게 많은 빌미를 제공했다.

이무렵 월남에서는 천주교와 불교계가 연대하여 '구국평화회복 및 반부패운동세력'이라는 단체를 만들어 산하에 사이공대학 총학생회, 시민단체들이 연합하고 시민연대를 구성하여 반부패 운동에 나섰다.

문제는 여기에 월맹간첩과 친북세력들이 대거 침투하여 반정부운동으로 변질되었다. 휴전협정이 체결되어 미군이 철수하자 사이공에는 100여개의 애국단체, 통일운동단체들이 월남의 공산화 공작에 나선 셈이 되었다.

목사, 승려, 학생, 직업적 좌경인사, 반전운동, 인도주의 운동, 가능한 모든 운동단체가 총 동원되어 '티우 정권 타도'를 외쳐댔다. 매일 이어지는 데모로 인한 회색연기는 사이공 하늘을 뒤덮었다.

이 혼란을 호시탐탐 노리던 월맹이 놓칠 리가 없었다. 드디어 월맹군 18개 사단 총병력은 1975년1월8일 월남 공격을 위한 배치를 개시했다.

공격배치를 끝내고 대기하던 월맹군은 1975년3월10일 새벽2시 중부 월남에서 총공세를 감행했다.

월맹군 18개 사단은 저항 한번 제대로 못하는 월남군을 그대로 밟고 파죽지세로 남하해 3월26일 다낭을 함락시켰으며 여세를 몰아 사이공을 향해 물밀듯이 밀고 내려갔다.

드디어 4월21일 티우 대통령이 하야하고 재야 정치인 정반민 예비역 대장이 대통령에 취임하였으나 이때까지 미국은 대 월남 방위공약을 이행하지 않았다. 이후 영영 미군은 다시 오지 않았다.

4월29일 월맹군 14개 사단이 사이공을 완전 포위했다. 1975년4월30일 정오 월맹군 2개 군단은 사이공 시내로 진격하여 탱크부대가 월남대통령 관저가 있는 독립궁을 점령함으로써 베트남전은 월맹의 승리로 막을 내렸다.

협정에 조인된 문서는 양국이 조약을 지켜줄 절실한 필요가 있을 때에만 지켜진다는 것이다. 방위조약 같은 문서는 문서일 뿐이지 지켜지는 조건은 계속 변경되고 있는 것이다. 월남은 이것을 몰랐다.

월남전에서 보듯이 첨단무기와 경제력도 사회 안정의 다음 순서이고 공산주의자들의 인민민주주의혁명 전략은 부정부패 없는 맑고 깨끗한 사회와 정부와 민, 군이 한 덩어리가 되었을 때만이 물리칠 수 있는 난치병 중의 난치병이다.

1975년 무력통일에 성공한 베트남 공산당은 최빈곤의 경제난에 시달렸다. 베트남의 빈곤한 경제는 농업, 산업의 후진성에도 있었지만 호치민(胡志明)의 공산주의 이념에서도 찾아 볼 수 있었다.

정통 마르크스, 레닌주의자였던 호치민은 1969년9월3일 사망하였다.

베트남 공산당은 베트남 경제를 일으켜 세우는 데 호치민 노선을 버리고 1986년 드디어 중국식 개혁정책을 따랐다. 그것이 도이 모이 정책이다. 전쟁에서 피를 흘렸던 대한민국과도 1992년12월22일 수교의 악수를 나누고 무역을 확대하여 오늘에 이르고 있다.

베트남은 1995년 미국과도 수교를 맺고 교역을 진전시키며 경제 강국의 꿈을 키우고 있다. 베트남은 공산주의의 맥을 이으면서도 세계에 문호를 개방하여 자본주의 시장경제와 어깨를 나란히 하고 있다.

베트남 국민들도 전쟁의 상처는 잊을 수 없지만 세계를 등지고 살 수 없다는 인류 공존의 가치에 좀 더 너그러워진 것으로 여겨진다.

베트남에서 얻은 값진 교훈은 북한의 대남전술 시험장을 연상케 한다.

첫째 월맹은 먼저 월남 사회를 혼란에 빠뜨려놓고 결정적 시기를 기다리며 끝내 남침 기회를 놓치지 않았다는 것이다.

둘째 사회적, 국가적 부정부패가 사회 불안정으로 이어져 반국가 반체제의 불씨가 된다는 것이다.

셋째 전쟁의 승패는 무기와 병력의 수가 아니고 국가 수호의지와 정신전력이라는 것이다.

넷째 베트남 공산화를 통해서 본 국가의 존재 이유 중 으뜸은 빈곤의 퇴치와 맑고 깨끗한 공정사회 구현이 이념을 넘어 국가 수호와 정치의 절대가치라는 점이다.

4. 동서독 통일이 주는 메시지

1945년5월8일 독일은 연합군에 항복함으로써 동독과 서독으로 분단되었다. 1939년9월1일 새벽4시40분 독일군이 폴란드를 침공함으로써 시작된 세계 제2차대전은 전선을 확대하였다.

소련을 공격목표로 동부전선에서만 200개 사단 이상과 1,500대의 항공기를 동원한 엄청난 기동전을 전개하였다.

또 한편 독일군은 미·영·불 연합국을 상대로 한 서부전선까지 확대했다. 독일군은 개전 초기에는 모든 전선에서 무적을 자랑하며 승승장구(乘勝長驅)하였으나 1944년 6월 서방연합군이 노르망디 상륙작전에 성공함으로써 기세등등하던 독일군은 전 전선에서 패퇴하기 시작한다.

동부전선에서도 소련군의 사활을 건 방어전에 막혀 퇴각하는 패잔군신세가 되었다. 히틀러독재의 종말이 다가오고 있었다.

히틀러는 패망을 예감하고 1945년4월30일 자신의 베를린 지하벙커에서 권총으로 자살한다. 독일이 항복함으로써 사실상 세계 제2차대전은 길고 긴 장막을 걷게 되었다.

독일은 이 패전의 죗값으로 참전국이었던 서방 연합국에게 서부독일을, 소련에게 동부독일을 분할 점령통치 당하는 신세가 되었다. 한 독재자의 광적 욕심이 빚어낸 가혹한 유산은 고스란히 독일 국민이 떠안게 되었다.

동독 안에 있던 베를린도 분할되어 1961년8월13일 동서 냉전의 상징인 167,8㎞의 베를린장벽이 세워졌다. 동서독인의 자유왕래를 가로막고 분단의 아픈 역사는 세월을 재촉하며 흘러갔다.

1985년3월 소련의 고르바쵸프 서기장이 등장하자 페레스트로이카(개혁) 그라스노스트(개방)정책의 바람이 유럽을 휘몰아치게 되었다.

이 개혁개방의 바람으로 1989년 닫혀있던 동구권 전역에 소련 공산당식 1당 독재정치가 위기를 맞고 흔들리면서 자유민주주의 열풍에 휩싸여 들었다. 1989년9월 동독 라이프치히 니콜라이 성당에서 9,000명으로 시작한 시위는 삽시간에 동독 전역으로 번져 나갔다.

드디어 1989년11월9일 베를린장벽이 무너져 내렸다. 공산철권독재의 종말은 순식간이면 족했다. 갇혔던 물이 일시에 쏟아지면서 모든 것을 쓰나미처럼 삼켜버렸다.

동독 전 지역에서 대규모 탈출사태가 벌어지면서 동독 공산당정권은 붕괴를 맞게 되었다. 드디어 1990년3월 동독에서 역사적인 자유총선가가 실시되었다.

이 선거에서 드메지어(Lothar de Maiziere) 수상을 수반으로 하는 연립정부는 서독의 콜 정부와 신속하고도 집중적인 협상을 전개하여 1990년10월3일 감격적인 통일조약을 체결함으로써 동·서독은 숙원인 통일을 이루어 냈다.

독일 통일에서 주목할 점은 서독은 위장된 우리민족끼

리와 같은 구호도 없었고, 햇볕정책이나 포용정책 같은 것은 처음부터 없었다는 사실이다.

서독은 동독과 상식이 통하는 교류 협력으로 통일을 성공시켰다. 서독의 동독에 대한 그 많은 지원은 항상 조건부로 주고받았으며 우리처럼 공짜는 없었다. 우리의 지난 10년의 남북교류는 평화통일을 거꾸로 돌리는 교류였다고 필자는 판단한다.

서독의 동독 흡수통일은 완벽하게 준비된 정치, 경제, 외교의 통일역량이 결정적인 때를 기다리다가 소련 붕괴 직전의 틈을 잽싸게 이용하여 동독을 먹어치운 신출귀몰의 평화통일이라고 분석할 수 있다.

통일은 소리 없이 요란하지 않게 준비하면서 때를 기다려야 하며 때를 놓치지 않아야 한다는 독일통일의 교훈을 타산지석으로 삼아야 할 것이다.

지금까지 살펴본 공산주의국가들의 몰락의 공통점은 인민들이 독재자의 철권통치로 예외 없이 수용소군도의 인질이 되어 굶주리며 원초적 자유마저 박탈당하는 생지옥에서 허우적대고 있었다는 것이다.

공산주의국가의 특징은 약속이나 한 듯이 인민들의 짓밟힌 자유와 굶주림의 통한이 소리 없이 잠복해 있다가

때가 되면 쓰나미처럼 모든 것을 휩쓰는 괴력을 잉태하고 있다는 것이다. 이것은 인류역사를 깨우치는 경고적 교훈으로 삼아야 할 것이다.

제5장 김정은의 핵 딜레마

1. 6·25전쟁을 통해서 본 북한의 핵무장

북한의 미사일과 핵개발의 동기와 목적을 6·25전쟁의 결과와 연계시켜 분석해야 한다.

북한 김일성과 지도층은 6·25전쟁을 3주간의 이른바 인민해방 전쟁으로 보고 주작전은 2주일 이내에 끝마칠 수 있다고 확신한 것으로 분석된다.

1950년6월10일 인민군총사령부 작전국장 김광협이 전투부대에 38도선 이동을 지시하는 작전회의에서 "우리 인민군은 사단급 부대 전투훈련의 경험을 쌓았다. 이번에 우리는 모든 전투사단을 동원하는 기동부대작전을 수행하는데 2주면 충분히 끝마칠 수 있다고 확신한다."라고 단언하였다.

인민군총사령부 정보국의 정찰명령철-1950년6월18일

38선에 전개한 7개 사단과 기타 전투부대에 하달한 것을 포함한 여러 가지 자료를 분석한 것이다.

남침계획을 개관할 수 있는 결정적인 자료는 소련 작전고문단이 작성하여 1950년6월20일 인민군총사령부 정보국장에게 보낸 정보계획이라 할 수 있다. 이 계획과 정찰명령과 기타 자료 및 북한 지도층의 공식발언 등을 종합검토해 보면 북한의 남침전쟁은 1950년7월15일까지 완료하도록 계획되어 있었다.

그리고 7월16일에서 8월14일까지 한 달간은 통일정부를 수립하기 위한 준비기간이며 8월15일 광복 5주년 기념일에 전승과 통일을 자축하는 성대한 축하행사를 거행함으로써 김일성의 남반부해방을 마무리 지으려 했다.

소련 작전고문단의 실체와 행적을 살펴보기로 한다.

북한의 전쟁준비가 거의 마무리된 1950년4월 중순 독·소 전쟁에서 영웅칭호를 받은 바실리에프 중장을 단장으로 한 12명의 장교로 편성된 소련의 작전고문단이 평양에 도착하여 특별군사사절단과 임무를 교대하였다.

소련 지도층은 1949년 초부터 추진한 인민군의 증강과 육성계획 목표가 달성되었음을 확인하고 작전고문단을 파견하여 이들에게 남침계획 수립과 인민군에 대한 작전지도 임무를 맡겼던 것이다.

당시 북한인민군의 최고사령관을 위시한 고급지휘관과 참모들은 불과 5년 전에는 소련군 소속의 위관급장교에 지나지 않았다. 따라서 이들이 20만 대군으로 증강된 인민군을 운용하거나 작전계획을 구상한다는 것은 힘에 겨운 일이 아닐 수 없었다.

이 결점을 작전고문단으로 하여금 보완하게 한 것인데, 이것은 소련이 6·25전쟁을 주도했음을 뒷받침하는 확고한 증거 중의 하나이다.

이렇게 시작한 김일성의 남침전쟁은 사실상 실패로 끝났다. 1953년7월27일 휴전협정으로 전쟁의 포화는 멈췄지만 남한의 처참한 전쟁 상흔을 남겼고 북한 또한 거의 폐허화되었다.

뿐만 아니라 전쟁기간 중 한국군과 유엔군은 48만 명의 인명 피해가 있었고, 공산군측은 150만~200만 명의 병력 손실이 있었다.

전쟁기간 중 민간인의 희생은 400~450만 명으로 당시 남북한 인구를 3천만 명으로 추정할 때 6~7명 중 한 사람 꼴로 피해를 본 셈이다.

인명피해와 함께 전쟁기간 중에 70만~100만 명의 북한주민이 자유를 찾아 월남하였고 30만 명 정도의 인원이 의용군으로 징집되거나 납북되었다.

전쟁기간 중 남한에서만 370만 명의 이재민과 10여만 명의 아동이 부모를 잃었으며 국토의 대부분이 초토화되었다. 그리고 1천만 명에 달하는 이산가족이 발생하였다.

북한 김일성은 한평생 조금의 뉘우침도 없이 이 처참한 6·25전쟁 대실패의 원인을 다음 다섯 가지로 분석하고 군, 당, 민심을 수습하는 한편 또다시 제2의 통일전쟁을 위한 모험을 감행했다고 필자는 분석한다.

김일성의 미사일과 핵개발은 강성대국 만들어 남한과 미국까지를 싸잡아 정면 돌파하여 기어코 남조선혁명을 완수하겠다는 원한의 벼랑끝전략으로 판단된다.

김일성의 6·25전쟁 실패의 원인을 요약한다.

첫째; 북한 김일성은 남한의 경비대수준의 경무장한 무방비의 한국군을 T-34전차 250대, SU-76자주포 176문 도합 400여대의 기갑부대를 앞세워 파죽지세로 밀고 내려와 단 3일 만에 서울을 점령하였다.

북한군의 이러한 중무장은 당시 남한에서는 상상조차 할 수 없는 청천벽력 같은 가공할 무장이었다.

한국군은 속수무책으로 밀릴 수밖에 없었으며 탄식이

절로 나오는 대목이다.

기세가 오른 인민군대는 부산을 향해 계속 돌진하던 중 UN군의 깃발을 들고 미군이 참전하였다. 참전한 미군은 일본을 병참 배후기지로 하여 병력과 군수물자를 원활하게 증강 보급 받으면서 남하하는 인민군대를 가로막고 반격하는 데 김일성은 **속수무책**이었다.

김일성의 기고만장하던 콧대가 여지없이 꺾이는 수모를 감수해야만했다.

김일성은 국제전으로 비화될 수 있는 UN국제협력체제를 예측하지 못했다. 전쟁이 끝난 후 김일성은 자아비판을 하면서 앞으로 국제전을 대비해 미국본토를 겨냥한 미사일과 핵무기를 개발하여 미국의 참전을 저지하고 주한미군을 철수시킨 후 남조선 혁명을 끝내 완수하려는 머나먼 제2의 남침계획을 수립하게 된다. 1956년 소련 두브나 핵연구소에 연간 30명씩 연수를 보냈으며 1962년에는 김일성종합대학과 김책공대에 원자력학과를 신설하고 영변에 원자력 연구 단지를 설치하였다.

드디어 1965년6월 소련으로부터 IRT-2,000원자로(제1원자로)를 도입하여 본격적으로 핵무기 개발에 시동을 걸게 된다.

김일성은 핵개발뿐만 아니라 종국적으로 핵탄두의 운반 수단인 미사일 개발에도 사활을 건 노력을 경주하여 1970년대에는 사거리 300㎞의 스커드-B와 500㎞의 스커드-C 미사일을 작전 배치한다.

둘째; 김일성은 공군과 해군이 열세하여 제공권과 제해권이 거의 한국군과 미군에 넘어가 있었다.

따라서 지상군 위주의 작전을 벌일 수밖에 없었다. 특히 남포 바로 앞바다에 위치한 석도, 초도에는 KLO한국유격군이 점령 주둔하고 있어서 아군 전투기들이 적기를 유도하여 공중전을 벌이는 안전지대로서 제공권확보에 필수불가결한 결정적인 아군의 요새였다. 바다와 하늘에서만은 김일성은 사실상 **속수무책이**었다.

김일성은 전후 소련과 중국의 지원으로 공군과 해군의 현대화에도 진력하였으나 빠르게 진화하는 최첨단 항공기와 함정을 보유하는 데는 한계가 있었다. 북한이 현재 해공군력에서는 한·미 연합전력에 열세인 것이 사실이다.

이것을 극복하기 위하여 공군과 해군의 기지도 지하요새화되어 있다.

1990년 일본까지 공격할 수 있는 사거리 1,000㎞의 노동1호 미사일을 개발하였으며 1998년8월에 사거리

2,500㎞의 대포동1호 미사일을 시험 발사했다. 따라서 김일성은 해공군력의 열세를 만회하기 위한 미사일개발에도 성공했다고 호언하고 있다.

셋째; 김일성은 일본-한국과의 해상보급로와 한미연합군의 지상보급로를 차단할 수 없었다. 이것이 큰 패인 중의 하나이다.

반면 인민군은 계속되는 UN군의 공습으로 겨우 야간 달구지 보급로에 의존할 수밖에 없는 것이 패인이었다.

이마저도 KLO유격군들의 시도 때도 없는 야간보급로 공격으로 인한 인민군의 열악한 보급은 패인을 가중시켰다.

인천상륙작전 역시 인민군의 작전 미숙으로 상륙지점을 잘못 예측한 점도 있었지만 정확하게 알았다손 치더라도 해상로를 차단할 수 있는 방법이 없었기에 김일성은 **속수무책**이었다.

전후 김일성은 이 분통을 해결하는 데 역시 정밀도 높은 미사일 공격으로 답을 찾았다고 분석된다.

북한은 지난 40여 년간 미사일 개발에 국가 존망의 운명을 걸어 단거리 미사일은 물론 중·장거리 미사일, 그리고 위성을 가장한 은하 3호 ICBM(대륙간탄도미사일)까지 발사 실험에 성공했다.

북한은 2007년부터 사거리 3,000㎞ 중거리 탄도미사일(IRBM)도 실전 배치했다.

북한은 몇 번의 실패 끝에 지난 2012년12월12일 태평양을 가로지를 수 있는 사거리 10,000㎞ 이상의 ICBM 미사일까지 보유하게 되었다.

이제 남은 것은 핵무기 소형화와 경량화다. 이 전술핵무기의 존재여부는 전문가의 견해와 평가가 다르다. 그동안 북한은 어느 누구의 만류도 뿌리치고 지난 57년간 핵개발에 몰두했다.

그러나 6·25전쟁 패전의 통한을 풀려고 시작한 미사일, 핵개발이 성공단계에 이른 지금은 이것이 오히려 북한 패망의 족쇄가 되고 있다.

이 미사일, 핵개발을 위해 북한의 김일성과 김정일은 모든 국력을 쏟아 부었으니 국토와 국민은 피폐해져 폐허를 방불케 하고 있다. 인민은 굶어 죽어가고 있으며 심지어 인민군대까지 허기진 배를 채우려고 밤마다 도둑질하는 집단으로 변했다는 보도를 접하고 있다.

결과는 자칭 사회주의 낙원국가에서 비수를 든 자본주

의 장마당을 불러들였으니 북한 세습왕국의 운명도 꺼져가는 촛불신세라고 진단할 수 있을 것이다.

북한이 소생할 출구는 완전 차단되었으며 비상구마저 막혀버린 상황이다.

그렇다면 문제의 핵개발의 원리는 무엇일까? 그렇게 어려운 최첨단의 원리와 기술은 아니다.

물론 소형화시키는 과정은 정밀기술과 거듭된 실험이 필요하겠지만 북한과 밀통하고 있는 파키스탄이 1998년5월28일 핵실험성공을 공표하였다.

그리고 1999년 파키스탄 핵개발의 아버지라 불리는 압둘 카디르 칸 박사(Abdul Qadeer Kahn)가 북한을 방문하여 핵폭발장치를 보았다고 발표했다.

그 중 한 개는 탄두로 장착되어 있었다는 증언 등을 종합해 볼 때 북한의 전술핵무기는 완성단계에 있거나 이미 완성되었다고 필자는 판단한다.

앞서도 설명한 바와 같이 미사일 개발의 궁극적 목적은 핵무기의 경량화와 소형화로 전술핵무기를 완성하는 것이며 전술핵무기는 군사무기와 정치무기로써 효용적 가치가 있는 것이다. 따라서 북한의 미사일 개발과 핵개발을 항상 연계시켜 보아야 할 것이다.

미사일 실험하면 핵실험이 뒤따르고 핵실험하면 미사일 실험하는 것을 정치적 수순으로 해석하는 것은 금물이며 군사적인 전문성으로 분석해야만 한다.

북한은 내부의 세습독재를 위해 미사일과 핵무장을 이용할 수밖에 없는 절박한 상황이다. 3대 세습독재권력을 이어받은 김정은으로서는 다른 방법으로 김일성, 김정일의 유훈을 받들 수 있는 카드가 없으며 김일성, 김정일이 이미 깔아 놓은 세습독재공화국의 길을 버리고 다른 길을 가기에는 엄두조차 나지 않을 것이다.

더욱이 남한과 미국을 속임수와 공갈, 협박으로 식량, 비료, 기름, 의약품 등을 얻어먹던 미사일, 핵카드가 지금은 빛이 바래 한물갔으니 김정은의 고민은 최고조에 이르고 있다.

김정은은 이 무모하고 힘겨운 미사일 핵개발로 이해 북한이 자멸할 수 있을지라도 그대로 끌고 갈 수밖에 없는 운명이라는 것을 알고 있을 것이다.

넷째; 전방과 후방에서 적을 동시에 타격을 가하여 완전 섬멸할 수 있는 특수부대가 없었다. 또한 남한의 후방을 교란하고 혼란에 빠뜨릴 군사적 정치적 제2전선이 없었다. 즉 남한에 북한의 내응세력이 없었다.

그리하여 지상군의 공격만으로 전선을 돌파해야 하는 김일성으로서는 **속수무책**이었다. 따라서 전선에서 후퇴한 한국군이 연합군과 재정비할 수 있는 시간을 주었다.

더욱이 북한공산주의자들의 실체를 알게 된 민심은 북한에 등을 돌리고 대한민국을 지키기 위해 분연히 궐기하는 기류가 한반도를 뒤덮고 있었다.

가는 곳마다 북에서 자유를 찾아 남으로 내려오는 피난민 대열로 넘쳐났으며 전선에서는 더 남쪽을 향해 살길을 찾는 민심의 이동은 줄을 잇고 있었지만, 북으로 가는 사람의 행렬을 찾아보기 힘들었다.

전후 김일성은 이 탓을 남로당 출신 북한 부수상 겸 외무상인 박헌영에게 뒤집어 씌웠다.

1950년5월17일 평양 모란봉극장에서 열린 당·정간부와 인민군 주요지휘관 연석회의 석상에서 박헌영은 "인민군이 서울만 점령하게 되면 지하에 잠적한 20만 남로당원이 들고 일어나고 인민들이 봉기하여 남한의 잔여지역을 해방시킬 것이다. 그 이후에 인민군의 진격은 해방된 지역을 향한 승리의 행군이 될 것이다."라고 장담하였다.

김일성은 이것을 빌미로 눈엣가시였던 박헌영을 1955

년12월5일 반당종파분자, 간첩방조, 정부전복음모 등 7가지의 죄목으로 사형시켰다.

김일성은 6·25전쟁의 패인중의 하나인 제2전선의 중요성을 해결하고자 세계에서 유례를 찾기 힘든 고도로 훈련된 특수부대 20만 명을 대기시켜 놓았으며 대량살상무기인 화생무기도 전쟁만을 기다리고 있다.

다섯째; 공격 밖에 모르고 승리를 의심하지 않았던 인민군대는 한·미연합군의 반격에 저지선을 구축할 수 있는 예비부대와 방어진지가 없어 전선이 급속도로 무너져 주력 전투 병력의 막대한 손실을 입었다.

더욱이 야전 지휘관들의 손실은 단기간에 회복이 어려운 치명적 타격이었다.

이 당시 인민군 군관들과 주력부대는 대부분이 한인 팔로군 출신으로 전투경험이 풍부한 잃어서는 안 되는 귀중한 핵심 주력군이었다.

김일성은 낙동강 전선이 무너지자 **속수무책**으로 별 저항도 못해보고 힘없이 평양을 내주고 도망가기에 바빴다.

드디어 중공군을 불러 들여 한반도가 국제전의 싸움터가 되고 말았다.

또다시 애꿎은 한민족의 통곡소리와 무덤으로 뒤덮인 산과 들에는 하늘이 노한 천둥소리만이 김일성의 천인공노할 남침만행을 꾸짖고 있었다.

전후 김일성은 조금도 뉘우침 없이 제2의 남반부해방을 위해 1962년12월 4대군사노선을 채택하였다.

북한을 땅굴과 갱도로 거미줄처럼 얽어 놓아 난공불락의 요새를 구축하고 전인민의 무장화를 호언하면서 미사일과 핵무장으로 미국, 일본을 묶어놓고 남한을 고립시킨 다음 남조선혁명을 완수하고야 말겠다는 것이다.

1994년7월8일 김일성이 사망하자 이 김일성 세습독재철학은 아들인 김정일에게 유훈통치로 고스란히 전수되었다.

김정일은 한술 더 떠 선군사상을 덧붙이고 마약 밀매이건 위조달러이든 가리지 않고 돈을 끌어 모아 오로지 미사일은 ICBM까지, 핵무기는 소형 핵탄두까지 라는 목표를 세우고 누가 뭐라 해도 지금까지 핵개발을 중단 없이 해오고 있다.

2011년11월17일 김정일이 사망하자 세습으로 대를 이은 김정은은 물을 필요도 없이 3대를 이어 그대로 따라할 수밖에 없는 곳이 지금의 북한이다.

따라서 북한의 미사일과 핵개발은 김정은이 스스로 멈출 수 없으며, 한국, 미국, 중국, 일본, 러시아와 전 국제사회가 총동원되더라도 지금과 같은 제재와 6자회담으로는 중단시킬 수 없을 것으로 필자는 확신한다.

2. 미사일·핵개발에 대한 종합분석

① 북한 김일성이 1956년부터 시작한 핵개발과 미사일 개발은 올해가 57년째이며 어떠한 일이 있어도 멈출 수 없을 것이다. 남북대화, 교류, 햇볕, 포용정책, 북·미 협상, 식량지원, 경수로지원 등으로 해결할 수 있는 차원의 여백이 있는 상황이 아니다. 북한은 완전히 굳어져버린 콘크리트와 같다고 보아야 한다.

북한의 파탄난 경제, 굶어죽는 인민, 흔들리는 군심, 중심을 잡지 못하는 당심, 힘을 쓸 수 없는 내각 등은 김정은으로는 쉽게 헤쳐 나갈 수 없는 암울하고 절박한 상황이다.

아무 대책 없이 버려진 인민들이 장마당을 헤매고 있는데 당장 미사일 핵개발이라는 진통제마저 끊는다면 김정은의 3대세습은 힘없이 종말을 맞게 될 것이다.

② 북한은 인민군대 아니면 다른 생존수단이 없다. 군대를 미사일과 핵무기로 무장시키고 미국과 남한을 이길 수 있는 천하무적의 군대라고 열을 올려야 그나마 북한 세습체제를 끌고 갈 수 있다.

북한의 미사일, 핵무기는 인민군의 광적이고 맹목적인 호전성을 드높이기 위한 마지막 카드이며 유일한 세습정권의 담보물이다.

북한은 전쟁공포분위기를 조성하여 인민들을 충동하고 인민군대를 광분시키는 흥분제주사 외에는 뾰족한 통치방법이 없는 것이다.

김일성과 김정일은 인민군대를 미사일과 핵무기의 인질로 삼아 독재정권을 유지하는 총폭탄으로 앞세우려는 것이 선군정치의 숨은 전략으로 판단된다.

이 유훈을 이어받은 김정은은 그대로 따를 수밖에 없는 상황이다.

이를 두고 대미협상용이니 대남협상용이니 운운하는 것은 북한을 너무 정상적인 시각에서 보는 착시현상이거나 친북적 시각의 분석이라고 볼 수밖에 없을 것 같다.

물론 일시 속임수로 지원 물자를 받는 것은 공산주의자

들의 상투적 전술에 불과하며 기본전략은 불변이 원칙이다.

공산주의자들은 협상도 또 다른 형태의 전쟁이라는 것이 기본전술이다.

따라서 지난 10년간 햇볕이다 포용이다 하는 정책은 너무도 천진난만한 발상이라 할 수밖에 없을 것이다.

지난 햇볕, 포용의 10년간 북한의 호전성만 더욱 높아졌다는 결과 외는 다른 소득이나 수확은 없었다는 것이 정답일 것이다.

북한의 김정은 핵심부와 추종세력을 정상국가 체제와 정상정치조직체로 보거나 같은 민족의 일원으로 보는 것은 잘못이다.

남북대화, 교류가 마치 남북문제의 평화 정착을 위한 열쇠인양 주장하는 것은 남북 간 평화와 안정은 물론 민족통일에도 역기능을 초래할 수 있다는 점에 유의해야 할 것이다. 남북대화나 교류에는 좌편향된 시각과 입장이 아니라 자유 대한민국의 주권을 지키면서 냉철하고 자신 있게 결과와 효과를 따져야 한다.

남북교류에 있어 우리민족끼리라는 용어는 북한 전체를 상대로 쉽게 막연히 써서는 안 되는 말이다.

북한의 핵심계층은 김일성민족으로 전제하고 나머지 인민들을 우리와 같은 민족과 동포로 보고 끌어안아야 한다.

북한 진단의 기초적 오류가 있으면 평화도 통일도 요원해지기 때문이다.

친북과 종북의 조직원이나 하수인이 아니라면 남북대화, 교류, 협상에 있어 북한 핵심계층까지도 같은 민족, 동포라는 막연한 감상적 관념은 절대 금물이다.

남북대화나 교류에 있어 양보와 수용은 굴종과 굴복과는 다른 개념이다.

그동안 북한은 한국의 양보와 수용을 굴종과 조공으로 오판하고 있으며 이것을 평양방송과 로동신문 또는 북측 회담대표의 공갈과 협박으로 상세하게 입증해 주고 있다.

③ 지금의 북한으로서는 미사일 핵무장이 그나마 당, 정, 군, 민을 융합시킬 수 있는 단 하나의 정책수단이다.

먼저 군대를 수령 절대옹위의 총폭탄으로 만들고, 당을 군대의 철옹성 울타리로 감싸고, 내각을 시종으로 삼아서 굶주리고 허덕이는 인민들을 더욱 조이고 탄압하는 것 말고는 세습독재정권의 다른 통치수단이 없다고 본다.

앞으로 김정은은 자유와 삶의 씨앗마저 빼앗긴 인민들

의 공안탄압 수위를 한층 더 높일 수밖에 없을 것이다.

이것이 북한의 자충수이며 김정은 세습정권을 함정에 빠뜨리는 길을 재촉하게 될 것이다.

그러나 북한은 목숨이 다할 때까지 남조선혁명과 불바다 공갈 협박의 강도를 높일 것이며 주한미군 철수와 평화협정 공세를 외쳐댈 것이다.

향후 북한은 남한을 향해 인민민주주의혁명전략의 공세를 본격적으로 강화하며 국론의 분열을 획책할 것이다.

따라서 남한에 둥지를 튼 친북, 종북세력들은 앵무새처럼 때를 맞추어 우리사회의 혼란과 교란을 선동할 것이다.

통일시대가 열린다는 것은 조용히 북한을 흡수 통일한다는 개념만은 아니다. 그에 상응하는 위험과 희생과 전쟁까지도 철저히 대비해야 하는 것이 한반도 통일의 지형(地形)이며 시나리오라고 봐야 한다.

산고 없는 출산이 없듯이 우리의 준비와 대응이 모든 것의 결과라는 말이다. 남북통일은 위험과 안전이 교차하고 있는 지점이다. 북한의 900만의 무력이 총 한방 안 쏘고 손든다는 생각은 잘못이고 환상이다.

이것을 조용히 잠들게 하는 전략도 우리의 몫이며 고도

의 심리전술과 선무공작은 군사정치전략의 한 수단일 것이다.

이를 위해서는 우선 남한 내의 민심의 통합과 국론통일이 시급한 과제이고 종북세력들의 입을 막고 활개치는 날개를 주저 앉혀야 한다.

이 역시 우리 국민통합의 하나된 응집력으로 극복해야 할 과제이다. 그리고 우리의 통일 역량을 하나로 결집하여 결정적 시기를 놓치지 않고 주도적으로 북한의 핵심부를 압박한다면 동서독 통일처럼 큰 희생이 없을 수도 있을 것이다.

다시 말해서 위험과 안전은 우리의 선택으로 결정짓는 결과물일 수밖에 없다는 결론이다.

가장 핵심인 정부의 역할은 비장의 큰 결심이 필요할 것이며 국민의 절대적 뒷받침을 전제해야 할 것이다.

① 미국은 미사일 핵무장을 해결할 수 없을 것이다. 미국의 아이디어는 6자회담이다. 6자회담은 북한과 중국이 즐기는 메뉴는 될지언정 해결책은 되지 못할 것이다. 미국은 역사적으로 공산주의자와의 대화와 회담에서 성공한 사례가 극히 드물다. 공산주의자들의 생리를 개방된 미국식으로 사고하기 때문이다.

② 극약처방을 제시한다. 북한을 지금처럼 느슨한 제재가 아니라 북·중 국경선을 UN 감시 하에 봉쇄하는 것이다.

그렇게 되면 북한은 물 마른 웅덩이의 고기신세가 될 것이다. 북한 군부나 핵심지도부는 희망을 포기할 것이며 인민들도 참았던 분통을 토해낼 것이다. 드디어 북한은 무너져 내리게 될 것이다.

③ 북·중 국경선 봉쇄의 열쇄는 두말할 것도 없이 중국이 가지고 있다. 중국이 쉽게 북한을 포기하지 않을 것이다. 그러나 중국에도 약점과 틈은 있다.

중국은 지금의 경제 성장을 멈출 수 없는 것이 약점이다.

통일 한반도가 중국의 국익에 결정적 손해와 위해가 되지 않는다면 북한 포기를 고려할 것이다.

중국을 설득하는 한편 강력한 압박전술이 필수적이다.

한국, 일본, 대만, 베트남의 핵무장 카드가 정치적으로 이슈화 된다면 중국은 초비상이 걸릴 것이다.

중국은 핵으로 완전 포위되어 평화의 미래가 위협받을 뿐 아니라 아시아에서 급부상하는 대국의 지위마저 흔들리게 될 것이다. 또한 경제성장 마저 담보할 수 없게 될 것이다.

마치 1983년3월23일 미국의 로널드 레이건(Ronald Wilson Reagan)대통령의 SDI계획으로 고르바쵸프 대통령의 소련이 손들었듯이 말이다.

사실 미국은 소련이 화해를 청하고 미·소 냉전체제가 해소됨으로써 그 SDI계획은 취소되고 말았다. 그 후 미국은 SDI계획의 진실 여부 논란에 휘말리기도 했다.

미국은 사실 SDI설계도면 하나로 거대한 소련을 잠재울 수 있었다고 해도 과언이 아니다. 중국도 똑같은 등식의 문제 풀이라고 필자는 판단한다.

북한의 핵무장으로 소용돌이치는 동북아에서 마치 벌집을 쑤신 듯 4개국 핵무장론이 본격화된다면 중국이 북한을 위하여 지금처럼 보호막을 펼칠 수 없을 것이다.

따라서 국제 감시 하에 북·중국경선 봉쇄도 보다 쉽게 해결될 수 있을 것으로 예상한다. 실제 핵무장을 전제하고 중국과 담판을 벌이면 결과적으로 핵무장 없이 북한 핵문제와 통일문제까지도 해결된다는 것이 필자의 주장이다.

즉 4개국 핵무장카드로 핵무장 없이 평화를 정착시킬 수 있다는 것이다.

핵무기를 군사용이 아닌 정치무기로 사용하자는 것이다.

이러한 군사정치적인 이슈가 제기되고 본격적으로 논의되어 세계적인 쟁점이 된다면 제일 먼저 중국이 흔들릴 것이고 그 파장은 북한을 요동치게 만들 것이다.

마치 소련의 개혁개방의 바람으로 동구가 무너지고 동독이 붕괴하였듯이 이 같은 충격적인 소문은 북·중경계선에 배치된 북한군군단들부터 흔들릴 것이고 순식간에 북한은 변란에 휩싸일 것이다. 이와 같은 부전이굴인지병(不戰而屈人之兵 善之善者也)의 병술을 필자의 발상차원에서 제안한다.

교착상태에 있는 북한의 핵무장에 대한 해결책의 출발점은 미국과 한국은 궤(軌)를 같이하면서도 근본적인 이해(利害)를 달리하고 있는 측면이 있다.

우리 한국은 직접 당사자로서 최종목표가 북핵 폐기일 수밖에 없고, 미국역시 북핵 폐기가 목표이지만 부득이할 때는 핵보유를 묵인하고 핵확산금지에 만족할 수도 있다는 것이다.

인도와 파키스탄 등이 NPT(핵확산금지조약)체제임에도 미국이 핵보유를 인정한 사례에서 본다면 북한도 예외일 수만은 없다는 것이다.

북핵문제에 있어 한국은 미국과의 돈독한 동맹관계를

유지해 나가는 전제하에 주도적으로 미국을 설득하고 중국과는 협상하면서 담판을 짓는 지혜롭고 과감한 국가 수호전략과 통일전략을 세워서 밀고 나아갈 때이다.

필자는 미국을 제치고 북한 핵개발에 맞서 대응수단으로 우리의 핵무장을 주장하는 것에는 군사적으로 언뜻 찬성하기 힘들다.

특히 중국과는 신중하면서도 신뢰를 기조로 하여 통일 후에 공생 공영의 선린관계를 설득하고 돌파하는 한국인의 저력을 과시해야 할 것이다.

때는 기다려야 하지만 때를 놓치는 것은 우매한 일이다. 지금이 바로 슬기롭게 통일시대를 열어야 할 때라고 필자는 확신한다.

북한은 내부로부터의 붕괴 요인을 많이 가지고 있으며 우리가 주도적으로 북한의 내부 붕괴를 유도해야할 것이다.

북한의 내부 붕괴 없는 외부 충격은 대규모의 무력 충돌을 유발할 수 있으며 북한 핵심부에 오히려 인민들을 볼모로 해서 끝까지 저항할 수 있는 동기와 명분을 줄 수도 있다. 또한 많은 희생이 뒤따를 수 있다는 점에 유의해야 할 것이다.

그러나 결정적 시기라고 판단될 때에는 희생을 각오하고 피해를 최소화하면서 통일의 기회만은 놓치지 말고 잡아야한다.

국가 수호와 통일 대업은 철저하게 준비된 우리의 힘만이 해낼 수 있다는 것이 역사의 가르침이다.

· 2013년1월25일 서울 통일회관 5층 중회의실에서 개최된 KLO8240부대 한국유격군총연합회 대의원대회 및 안보촉진대회에서 필자가 위의 내용 일부를 요약 강의함.

2부
북한의 무력도발 기상도(氣象圖)

평양의 먹구름

제6장 김정일 없는 북한 어디로 갈 것인가?

북한에 대한 진단은 전문가마다 다를 수 있다. 김정은 3대세습의 정착 여부를 놓고는 더욱 그러하다. 그럴 것이 김정은 자신도 모르는 일이기 때문이다.

결론적으로 김정은 체제는 자리를 잡는듯하다가 갈등과 파열음을 낼 것이고 변란을 맞을 것이다. 우리는 지금부터 북한을 예의주시하며 대비해야 한다.

지금 북한에서 벌어지고 있는 일들을 분석해 보니 김정은이 4일 간격으로 군부대를 찾아다니며 남한에 공갈 협박을 일삼고 있다.

역시 장성택(김정은 고모부)과 김경희(김정은 고모)의 섭정프로그램이 작동하고 있음을 알 수 있다.

장성택은 선군체제하에서 김정은을 군부 시찰에 내세워 내부적 충성과 외부적 과시를 동시에 얻으려 한다. 또한 평양 김일성광장에 15만 명을 모아 군민대회를 열어 북한의 단결력을 뽐내며 으름장을 놓고 있다. 그리고 전국으로 확산시키고 있다.

급기야 2012년4월13일 아침 위세당당하게 은하3호미사일(ICBM)을 발사하였으나 공중폭발로 세계적 망신거리가 되었다.

그러나 예정대로 김정은은 당과 군부의 제1인자에 올라 명실상부한 북한 최고통치자가 되었다. 4월15일은 김일성 출생 100주년을 맞아 신형미사일과 무기를 공개하는 군사퍼레이드를 벌여 위용을 과시하며 은하3호의 실패를 이겨내려는 몸부림을 치기도 했다.

당분간은 김정은과 군부 강경파가 보조를 맞추어 또 다른 군사도발을 서슴없이 감행할 것이다.

그러나 지금 북한에서 가장 급한 것은 식량이다. 당장 먹을 것이 없다. 이를 해결하기 위해 핵을 밑천 삼아 식량구걸작전을 벌이고 있다.

핵사찰을 받겠다며 미국으로부터 식량 24만 톤을 받기로 하였고, 중국으로 부터는 동맹국으로서 50만 톤을 받아서 올해의 위급은 간신히 넘길 것 같았으나 이것마저 어렵게 되었다.

한편으로 경공업제품인 생필품을 공급하겠다면서 "인민

들이 경공업의 덕을 보는 해로 되게 하라" "2012년을 경공업이 용을 쓰는 해"라는 표어를 내걸고 야단법석이다. 이러한 것들을 종합 분석해 보니 아직까지 혁명1세대의 입김이 남아있는 군을 장악하고, 급한 대로 식량을 구걸하고, 인민들에게 생필품을 나누어 줌으로써 위급한 고비를 넘기려 하고 있는 것이다.

한편 두만강을 2~3중으로 봉쇄하여 동요를 막고 외부의 정보유입을 완전 차단하려고 안간힘을 쓰고 있는 것이 역력하다. 탈북을 싹 쓸어버리겠다는 것이다. 이것은 북한이 심상치 않다는 징후다.

그 내막을 분석해 보기로 한다.

2011년11월17일 김정일이 사망하였다. 이것은 단순한 통치자, 독재자가 죽은 것이 아니라 북한을 절대 권력으로 통치하던 신권통치의 종말을 의미한다. 김일성은 살아서도 신, 죽어서도 신으로 모셔지는 곳이 북한이다. 따라서 김정일은 신의 아들로서 아버지 김일성신의 유훈통치로 북한의 군대와 당과 인민들을 절대 복속시켜 왔다. 동양에서는 모든 인간의 경우 하늘과 신에게 절대 순응의 철학이 잠재돼 있다. 북한은 이것을 '김일성주체사상'이라는 경전으로 김일성을 신격화하여 절대 독재의 사교(邪

敎)국가를 만들었다.

신권통치의 방망이를 물려받은 김정일은 인민들이 굶어 죽어도, 공개 처형을 해도, 정치범수용소에 묻지마식으로 처넣어도 김일성, 김정일의 명은 신의 계율로서 꼼짝 못하게 되어 있다.

따라서 김정은이 신의 손자가 돼 보려고 머리를 밀어 올리고, 김일성 인민복을 입고 나타났으나, 영 아닌 것 같다. 눈꼴이 험상궂고, 배는 너무 불러 언제 터질지 모르는 기형적 모습으로는 김일성 흉내 내기에 아마도 실패할 것 같다. 인민들은 피죽 한 그릇도 제대로 못 먹어 바싹 말라 있는데 말이다.

이제 겨우 28세의 김정은은 신권통치의 계승자가 아니라 인간통치시대를 열어 갈 수밖에 별도리가 없다. 바로 이것이 북한의 변란을 잉태한 씨앗이다.

그러면 신권통치의 호적등본인 김일성주체사상에 대하여 주요 핵심만 간추려 보기로 한다. 북한에서 주체사상에 반대는 곧 죽음이다.

1. 김일성 주체사상 요약

첫 번째; 주체사상의 이론적 요소인 "사회정치적 생명체론"이다. 사회는 사람과 같이 유기적 속성을 지니고 있어 개별구성원이 신체 각 부분의 역할을 하는데 그 중에서 수령은 "뇌수"를 담당하고 있다.

특히 모든 구성원은 "뇌수"에 해당하는 수령이 부여하는 사회적 생명을 부여받아야 한다. 다시 말하면 수령은 무오류성(無誤謬性)을 지닌 생명체의 "뇌수"이며, 인민대중은 충성함으로써 생명을 부여받을 수 있고, "당은 생명체의 신경조직"이라는 것이다. 북한에서 살려면 김일성교주로부터 생명을 부여받아야 한다는 말이다.

이것은 일반 정치적 의미나 구호가 아닌 종교적 교리라고 하는 것이 맞는 말이다. 따라서 북한은 단순히 사회주의국가의 독재체제와 달리 주체사상이라는 경전과 교리로써 다스리는 사교체제의 김일성 신권통치 국가라고 규정하는 것이 정론이다.

두 번째; "사회주의 대가정론"이다.

북한사회를 하나의 대가정으로 보고, 수령-당-인민의 관계가 아버지-어머니-자녀의 관계라고 규정하고 있다. 친

아버지도 아버지 이지만 북한 모든 인민의 아버지는 김일성수령이니 지성을 다해 모셔야 한다는 것이다. 그리하여 북한의 모든 가정에 김일성, 김정일 부자의 사진을 걸어놓고 예를 올려야 한다.

하나님 아버지와 무엇이 다른 것인가? 자유세계에서는 아버지 하나님을 모시고 섬기는 것은 자유선택이지만 북한에서는 아버지 김일성으로부터 생명을 받고 아버지 김일성을 지극정성 모셔야 하는 것은 선택이 아니라 절체절명의 명령이요 의무다. 이것을 어기면 북한에서는 살아남을 수 없다.

세 번째; "수령론"이다. 혁명적 수령론이란 주체사상의 원리에 따라 "사람은 모든 것의 주인이며 모든 것을 결정한다"로 되어 있으며 "인민대중은 사회역사의 주인이 되려면 수령의 영도를 받아야한다"고 되어있다.

모든 "역사의 주인은 인민이다"라고 규정하고 그 인민대중은 김일성수령의 지도하에서만 살아갈 수 있다는 것은 지금까지의 인류역사 속에서 왕권이나 공산주의 독재자로서는 설명할 수 없다.

오로지 살아있는 김일성 신만이 할 수 있다고 보아야 한다. 북한을 김일성 한사람의 노예국가로 만들기 위한 억지 경전이자 교리가 바로 김일성주체사상인 것이다.

그리하여 김정일은 신의 아들로서 수령도 아니고, 주석도 아닌 국방위원장이란 이름으로 유훈통치를 내걸고 김일성 못지않은 신권통치의 절대 권력을 휘두를 수 있었다. 김정일이 죽음으로써 이 같은 절대 권좌가 끝난 것이다.

이러한 신권통치를 이제 28세의 신출내기 김정은이 어떻게 3대세습으로 이어간다는 것인가?

김정은은 그저 사람일 수밖에 없다. 북한이 날조한 역사에서 김일성은 유격전의 신출귀몰한 백두의 명장, 김정일은 민족의 영산 백두의 혈통 등 온갖 신격화의 분장을 하였다.

그런데 재일 교포 무용수 출신의 아들 김정은을 백두의 혈통이니, 김일성신의 손자이니 3대를 이어 절대 복종해야 한다는 날조는 제아무리 북한이라 해도 끝내 할 수 없을 것이다. 따라서 김정은은 한 인간으로서 통치기반을 닦아야하는 험로를 걸어야 할 것이다. 그 험로란 무엇인가?

2. 요동치고 있는 북한

① 북한의 군사력은 그 수로 보아 세계 3위권이다. 육해공군119만 명, 예비병력770만 명 약900백만 명에 이른다. 유아와 노약자를 제외하고 2명 중 1명은 총을 든 군인이라는 말이다.

1962년 4대군사노선에 의거 전국토를 지하 요새화하였다. 이것은 좋을 때는 약이 되지만 반대로 독이 될 수도 있다. 북한군 체제는 총정치국, 총참모부, 보위사령부 등 2~3중의 감시, 통제망으로 조직되어 있어서 군단에서 중대, 소대에 이르기까지 총사령관의 눈을 벗어나 허가 없이 이동할 수 없다.

그러나 외부, 내부의 충격적 자극이 있을 때 김정은 체제로는 군부의 소요를 막을 수 없을 것이다. 1995년4월 함북 주둔 6군단 반란사건도 돈맛을 안 총정치국 소속 장성이 주도한 것으로 알려져 있다.

따라서 중국을 강 하나사이로 마주하고 있는 8, 10, 9 군단은 눈과 귀가 열려 있다고 보아야 할 것이다.

② 군부와 노동당과 내각의 관계는 북한이 먹고 살기 위한 과제를 놓고 김정은의 지위를 뒤흔들 수 있다. 김정

일은 핵과 미사일로 미국, 한국, 일본, 중국, 러시아, 등 주변 국가들을 대담한 벼랑끝전술(Brinkmanship tactics)로 협박하여 식량과 경제를 상당부분 해결하였다. 김정은 체제로는 쉽지 않을 것이다.

첫째; 어려운 문제는 식량이다.

북한은 수요량의 약 30%인 100~200만 톤이 매년부족하다. 북한의 민둥산은 홍수에 무방비 상태다. 북한의 현 체제를 그대로 두고는 어느 누구도 해결할 수 없는 고질병이다.

오늘이라도 3,200개의 협동농장과 200개의 국영농장을 개인농으로 전환하면 북한의 식량은 남아 돌 것이다. 그렇게 되면 북한 체제는 무너지고 말 것이다.

둘째; 계획경제, 민족경제, 주체경제로 인한 자력갱생 정책으로 전기, 외화, 원자재 등이 태부족이다.

경공업의 가동률이 20%이하로 떨어지니 생필품의 절대량이 부족하여 사람이 살 수 없는 지경이다. 중공업 우선 정책(무기생산)으로 자원 배분의 왜곡이 부른 폐해라고 분석된다.

이것을 대체하는 수단으로 2002년7월1일 경제개선조치로 장마당이 서게 되었다. 국경무역을 통해 들어온 생필품이 장마당을 통하여 유통되니 인민들은 국가배급체제에서 자연적으로 자본주의식 삶의 지혜를 터득하게 된 것이다.

장마당에서 유입되는 정보와 상품은 공화국이 지상낙원이 아니라는 사실이 장사를 통해 전파 되고 돈을 많이 버는 특권층까지 생겨나자 김정일은 2009년11월30일 오전 11시 화폐개혁을 단행했다. 사실상 특권층과 시장의 돈을 몰수하게 되니 그나마도 돌아가던 경제가 멈춰서게 된 것이다.

아수라장이 따로 없게 되자 김정일은 화폐개혁의 책임을 물어 2개월 후 박남기 노동당 계획재정부장과 관련자들을 총살처형하고 그 일가친척들을 정치범수용소에 수감했다. 북한체제의 잔학성을 실감케 하는 사건이라 하겠다.

식량과 생필품, 물자부족으로 황폐화된 북한을 김정은은 과거 김정일식으로 다스리지 못할 것이다.

셋째; 김정일은 외화 부족을 위조달러, 위조양담배, 마약밀매 등으로 상당 부분 해결했으나 지금은 여의치 못한 상황이다. 원유는 중국 동북지역 대경유전에서 송유관으로 압록강까지 최소량을 공급 받고 있다.

다른 물자들은 수산물과 광산물을 수출하여 대부분 중

국에서 수입하고 있지만 힘겨운 상황이다. 김정은 체제는 이 어려움을 딛고 일어서야 정착할 수 있다. 필자는 어렵다고 판단한다.

김정은 3대세습체제 정착을 위하여 해결책은 무엇이며, 누가 해결할 것인가?

앞서 지적한대로 장성택과 김경희가 섭정을 맡을 것이다. 장성택은 노동당 행정부장, 국방위원회 부위원장으로 최근에는 인민군 대장 계급장도 달았다.

김대중 정부시절 경제시찰단으로 8박9일간 남한 산업현장을 살펴보았고, 중국통이기도 하다. 장성택은 김정은을 앞세워 3대세습을 정착시키려 할 것이다. 그는 3가지 중 하나를 선택할 수밖에 없다.

첫째; 김정일식으로 핵과 미사일로 공갈 협박하며 주변국에서 계속 얻어먹을 것인가?

둘째; 주체사상을 앞세워 자력갱생경제로 모든 국경을 폐쇄하고 망할 때까지 갈 것인가?

셋째; 중국식 개방경제 모델을 받아들여 개혁개방경제로 나아갈 것인가?

한마디로 얻어먹을 것인가? 망해도 그대로 갈 것인가? 북한도 공장을 돌려 세계와 무역을 하며 벌어먹고 살 것인가? 셋 중 하나를 택해야 할 것이다. 필자의 분석은 세 번째로 판단한다.

북한은 현실적으로 개혁개방이 불가피한 선택일 것이다. 그러나 큰 장벽이 가로 놓여 있다. 중국식 모델을 북한식으로 받아들인다 하더라도 북한을 지탱하고 있는 주체사상과 선군사상, 선군정치와 마찰음을 낼 것이다.

결론하여 필자의 판단은 북한이 장사해서 먹고사는 나라가 된다면 주체사상과 선군정치는 물러가야 하며 인민들조차 3대세습을 따르지 않게 된다.

따라서 오늘의 북한을 내일의 자유를 향한 북한으로 그림을 다시 그려야 할 것이다.

이때 군부와 당과 내각과 인민들 사이에 갈등을 넘어 변란까지 발생할 수 있다. 인민들은 환영할 것이고, 당과 내각은 총대를 멜 것이고, 군부는 막으려 할 것이다.

넷째; 김정은은 선군정치를 계승 발전시켜 대를 이으려 할 것이다.

따라서 다시 미사일과 핵실험 등 대모험을 감행할 수 있다. 그러나 제아무리 중국이 돕는다 하더라도 국제적 압력과 봉쇄에 북한군부도 끝내는 한계에 봉착할 것이다. 이유인즉 군대도 인민도 먹고 살아야 하기 때문이다.

먹고사는 경제가 뒷받침이 안 될 때 김정일 없는 북한은 불가항력에 빠질 것이다. 중국의 기본정책은 화평굴기(和平崛起)라고 볼 때 대놓고 언제나 북한의 불장난을 도울 수만은 없을 것이다.

군부도 머지않아 강온파의 숨고르기를 통해 조정기를 거치면 김정은과 군부도 최종적으로 택할 길은 위에서 지적한대로 경제와 같이 갈 수밖에 별도리가 없을 것이다. 이렇게 될 때까지 한반도의 위험지수는 급상승하게 된다.

미사일과 핵실험을 넘어 우리 남한의 주요 지역에 대한 군사도발도 배제할 수 없다. 우리의 대응은 슬기로워야 한다.

우여곡절을 겪겠지만 끝내 군부도 개혁개방에 머리 숙일 것이다. 김정은 인간통치시대를 맞아 인민들 모두가 굶어죽는 고난의 행군을 김정일 없는 군부는 감당할 수 없기 때문이다. 김정은도 군부만을 껴안고 계속해서 불장난에 취해 있을 수 없게 될 것이다.

3. 우리의 대응책

우리는 무엇을 어떻게 할 것인가?

북한의 변란이 남한에게 좋은 것만은 아니다. 지금 북한은 자생력을 잃고 급속히 중국에 예속화되고 있다.

북한에 혼란이 오면 중국이 아주 빠르게 개입할 것이다. 지금처럼 국론이 조각나 분열되어 막연하게 우리민족끼리 타령만 하다가는 모든 희망을 놓칠 수 있다.

① 대통령은 헌법 제66조, 69조에 의거 국가보위의 의의(意義)를 재확인하고 전 국민에게 호소하여 친북조직을 제압하고 국론을 하나로 모으는 특단의 조치를 취해야 할 것이다.

북한의 대남 전술을 앵무새처럼 짖어대는 친북세력은 이제 더 이상 용납해서는 안 된다. 그러기위해 가칭 "대한민국 수호 대 국민회의" 같은 구심체를 만들어 친북좌파를 몰아내기 위해 '부정부패 절대 척결' '민주주의를 빙자한 반민주세력 척결'을 주도하는 전 국민 참여의 거국적 대국민운동을 전개해야 할 것이다.

② 북한이 혼란에 빠졌을 때 국제연합과 공조하여 신속하게 중국군의 북한 진주를 막아야 할 묘책을 마련해야

한다.

③ 친북세력으로부터 자유 대한민국을 수호하기 위해 국가보안법을 엄격 작동시키는 조치와 국민운동이 긴요하다.

④ 탈북 동포를 위해 해상 탈출로와 러시아, 중국 접경지역에 난민수용 시설을 제안하고 전 세계에 호소해야 할 것이다.

⑤ 북한 특수부대의 진입을 차단하기 위한 우리 군의 전략은 물론 북한이 우리의 국토에 직접 군사 도발을 할 경우 원점보복타격 이상의 타격전략을 갖추어야 할 것이다. 필자의 분석으로는 북한도 전면전은 피할 것이다. 또한 민방위 개념을 초월하는 군민 일체의 살아 숨 쉬는 민간방어(Civil defense) 전술을 도입하여 대한민국을 방어하는 데 빈틈이 없어야 하겠다. 조국 대한민국이여 영원하라!

*** 본 문은 2012년4월16일 작성되어 황해민보 2012년5월9일, 6월1일 3면 명사칼럼에 연재된 내용임.**

제7장 고삐 풀린 인민공화국

북한의 김일성, 김정일은 인류역사에서 유례가 없는 학정과 제왕적 폭정으로 인민을 도탄에 빠뜨리고 세계적 최빈국의 오명을 남겼다. 백성들에게는 김일성주체사상을 읽고 외우라고 다그치며 남조선 혁명만이 살길이라고 몰아 세웠다.

백성들은 일제에서 해방된 조국의 모습을 그려볼 틈도 없이 사회주의니 공산주의니 하면서 사유재산을 몰수당하고 협동농장과 국영농장에서 노예처럼 일하게 되었다.

김일성은 열심히 일하면 이밥(쌀밥)에 고기국 먹으며 기와집에서 잘살 수 있다고 채찍을 휘둘렀다.

북한의 모든 것은 오로지 김일성의 것이었다. 그러면서 스탈린모자와 인민복을 걸치고 무산대중과 백성들의 어버이 행세를 하며 공화국 수령과 주석으로서 자신의 우상화 정책에 골몰하였다.

김일성, 김정일을 떠받드는 핵심당원들을 제외한 백성들

은 협동농장에서 아무리 일을 해도 먹을 것이 없어 수백만 명이 굶어죽는 지경에 이르렀다.

김일성부자는 이런 상황에서 권좌를 지키려고 120만 명에 달하는 군대를 만들어 선군정치하면서 조금이라도 의심이 가면 공개처형과 정치범수용소에 수십만 명을 가두어 놓고 공포정치와 폭압정치를 서슴지 않았다.

견디다 못해 두만강을 건너 탈출하는 인민들에게 마구 총을 쏘아대며 그나마 살아서 강을 건넌 탈북자들은 중국까지 쫓아가서 다시 북으로 끌고 가는 비인간적 만행을 자행하고 있다.

김일성부자는 굶주리는 인민은 아랑곳없이 자신들의 신격화를 위하여 북한전역에 3만5천개의 김일성동상을 세웠다. 우리에 갇힌 백성들은 굶어죽으면서도 집에 걸려있는 김일성부자사진과 동상 앞에서 절을 올려야만 한다.

1. 김일성 별장과 기쁨조

북한에는 전국 명승지에 33개의 호화 특각(별장)을 지어 놓고 사치와 엽기적 향락을 즐겼다. 기차역도 전용 기차역이 28개소나 된다. 변태적 향락의 극치를 이루고 있다. 밤의 향연은 기쁨조의 몫이다.

필자는 이 기가 막힌 북한의 모습을 거울에 환히 비추어 보려고 한다. 우리의 한 핏줄인 동포가 단지 북한에서 태어났다는 이유 하나만으로 겪고 있는 참상이기 때문이다.

이 비극의 땅 북한에서 이제 김일성부자가 죽고 28살의 김정은이 3대를 이어 이 같은 폭정을 이어 가려고 하니 그의 운명을 점쳐 보아야 할 것 같다.

먼저 북한이 숨기고 싶은 호화, 사치, 향락의 현장을 살펴보기로 한다. 김일성부자는 인민이 신음하고 있는 그 시기에도 향락파티에 빠져 밤 가는 줄을 몰랐다.

북한의 소위 김일성, 김정일 특각(별장)은 70~80개소로 알려져 있으나 필자는 33개소로 파악하고 있다. 상상을 뛰어 넘는 초호화사치별장이다.

1950년 말부터 시작하여 1980년을 전후해 본격적으로 조성하기 시작한 별장은 중앙당 8국에서 주관한다. 별장에는 연회장, 낚시터, 승마장, 사냥터, 볼링장 등 레저스포츠 시설을 갖춰 놓은 현대판 아방궁이며 호위국 소속 수백 명이 상주하며 관리와 경비를 담당하고 있다.

별장은 연풍호별장 30만㎡, 묘향산별장 50만㎡, 삼지연못가별장 95만㎡, 등 그 규모는 상상을 초월한다. 또한 인간의 호흡과 생체리듬에 최적이라는 해발 500m 절경의 입지 조건은 물론이고 신선한 외부공기의 실내유입장치 등 호화로운 실내장식은 가히 상상이 불가능할 정도다.

시멘트와 흙 등의 자재는 일체의 불순물이 없도록 하고 딸기향이나 은방울꽃향기까지 배합하여 건축하였다.

이 호화로운 특각에 기쁨조는 필수품이다. 기쁨조는 인민무력부, 국가안전보위부, 인민보안성에 5과를 두어 소위 5과대상을 전국적으로 선발한다. 16세~25세 이하의 이성교제를 한 번도 해보지 않은 여학생을 기준으로 한다.

그리고 신장은 16세-156㎝, 20세-160㎝, 25세-162㎝ 이상이어야 하며, 하체는 좌골로부터 뒤 발꿈치까지의 길이가 5㎝이상 커야 한다.

매년 50명의 미녀 여학생들을 선발하여 6개월~1년 간 교육을 받고 전문 직종을 부여 받는다.

만족조는 술자리시중과 성행위를, 행복조는 안마, 마사지, 지압 등 피로회복을, 가무조는 흥을 돋우기 위한 노래와 춤을 배우고 해외 견학을 다녀온다.

이렇게 교육 받은 기쁨조는 매주 수요일과 토요일(자유

의 밤) 오후 8시부터 심야까지 김정일과 그 일행에게 시중을 드는 파티에 동원된다.

특히 토요일 자유의 밤은 '인도의 밤' '페르시아의 밤' '도쿄의 밤' 등 의상과 음악 등을 현지 풍습대로 연출한다.

김정일의 엽기적 사치와 엽색행각은 필설로써 표현할 수 없는 지경이다. 이 호화 아방궁의 기쁨조는 명목상 호위총국소위(군관)계급을 수여 받는다. 참으로 기상천외의 요지경을 보는 것 같다.

김정일은 자기도 인민들과 함께 줴기밥(주먹밥)에 쪽잠을 자면서 현지지도의 길을 열심히 다니고 있다고 선전하니 철면피한 독재자의 궤변에 조롱조차 할 힘을 잃게 된다.

2. 만수무강연구소

김일성 김정일은 자신들의 장수와 만수무강을 위해 상상을 초월하는 기상천외(奇想天外)한 비결과 비방, 비법을 총동원하여 일명 만수무강연구소를 비밀리에 운용하고 있었다. 이 비밀이 얼마 전 탈북하여 한국에 온 만수무강연구소 의사 김소연씨에 의해 소상하게 밝혀졌다. 그 내용을 요약해 보기로 한다.

만수무강연구소에 종사하는 연구사, 의사, 전문요원만도 4,000명에 이르며 출신성분이 우수한 엘리트급으로 엄선하여 철저한 전문일꾼 양성 교육을 받고 비밀을 담보한다는 서류에 지장을 찍어야 하며 특별감시 속에서 하루하루를 살아야 한다.

무장한 호위총국 소속 군인들이 24시간 경비를 서며 외부와의 접촉을 엄격히 차단하고 있다.

김일성 김정일의 사생활에 대한 철저한 비밀보장 때문이다. 또한 인민들과 생사고락을 함께하는 지도자로 믿고 있는 북한 사람들에게 김일성 김정일의 반인간성이 노출되지 않도록 극비로 운영되고 있다. 이곳이 김일성 김정일 부자만을 위한 만수무강 연구소이다.

이 연구소에서 선발된 연구사들이 이태리, 오스트리아, 독일 등 자본주의 나라에서 선진과학기술을 연수받고 돌아와서 식물체의 조직배양 등 첨단과학기술을 총동원하여 건강식품을 재배하고 있다.

그리고 김정일의 식탁을 만족시킬 미국의 왕비둘기, 프랑스 사향오리, 깨까치(어치), 꿩 인공사육, 무균 돼지 등을 특별 사육하고 있다. 이렇게 생산된 식자재들 중에서 또 엄격한 시험과 검사를 거쳐 드디어 식재료로서 선정되어 김일성 김정일의 장수식단에 공급된다.

뿐만 아니라 김일성의 만수무강을 위해 김일성과 같은 체질의 10대~20대의 청소년을 선발 수용한 후 엄격한 절차를 거쳐 혈액을 채취하여 김일성에게 "피 갈이"를 하였으며 한 달에 한 번씩 정기적으로 실시했다는 것이다.

김일성의 피를 젊은 피로 바꾸어 장수하려는 천인공노할 야만행위인 것이다.

그런데도 앞에서는 주석이요, 수령이요, 인민들의 어버이라는 가면을 쓰고 뒤에 숨어서 흡혈귀 노릇을 하고 있었다.

그렇게 김일성에게 피를 빼서 바쳐야 하는 우리에 갇힌 청소년들은 DNA가 파괴되어 20대가 60~70대로 노쇠하여 폐인이 되어버린다.

참으로 천벌을 받아도 모자랄 야수와 같은 악귀라고 해도 분이 풀리지 않을 것 같다. 김일성은 이 청소년들을 사람으로 여긴 것이 아니라 자기에게 피를 빼주는 짐승으로 본 것이다.

이것이 김일성 김정일의 실체이며 북한 체제이다. 그 속의 인민들이 겪는 고통은 대한민국에서 자유를 만끽하며 살고 있는 우리 국민들은 상상하기 어려울 것이다.

우리들은 북한의 정체를 바로 알고 뜻을 하나로 모아 북한 인민들을 하루 속히 자유의 품에 안아야 할 것이다.

3. 김일성 우상화

김일성 우상화의 단면을 살펴보기로 한다.

김일성부자시신이 안치된 금수산태양궁전은 총부지 350만㎡(105만평)에 약9억$(약1조원)의 건축비가 들었으며 매년 관리비만 11억원을 탕진하고 있다.

우상화 숭배는 여기에서 멈추지 않는다.

북한 전역에 김일성동상은 무려 3만5천개에 이른다. 북한에만 있는 슬픈 진실이다. 시 군 구역이 200여개 정도이니 한 군에 170여개의 김일성동상이 있다는 계산이다. 김일성 60회 생일을 기념해 평양 만수대언덕의 조선혁명박물관 앞에 세워진 동상은 기단 3m, 높이 23m에 달한다.

전체 부지 24만평이다. 허기진 인민들은 집에 걸린 김일성부자 사진과 동상 앞에서 충성의 예를 올려야 살아갈 수 있는 곳이 북한이다.

이것이 어떻게 사회주의이며, 공산주의이며, 지상낙원이며, 주체의 나라이며, 민주주의인민공화국이란 말인가. 북한은 김일성의 나라이며, 김정일의 것이기에 김정은에게 세습으로 대물림하는 것이 어쩌면 당연한지도 모르겠다.

이제는 7천만 전 민족과 국제사회가 일어나 이 세습의 야만행위를 중단시키고 척결해야 한다. 인간이 사는 사회에서는 결코 있어서는 안 될 일이 북한에서 버젓이 벌어지고 있다. 그렇다면 김정은은 김일성, 김정일과 같은 독재를 이어 갈 수 있을까? 김정은은 그를 따르는 무리와 장성택 고모부, 김경희 고모의 도움으로 당분간은 군부를 의지하고 아버지 김정일의 흉내를 낼 것이다.

4. 북한의 무력도발 일지

여기에서 그동안 김일성, 김정일이 군대를 앞세워 저지른 도발의 행적을 추적해 본다면 김정은의 앞날을 점쳐보는 데 큰 참고가 될 것이다.

주요 사건만을 간추려 본다. 1950년6월25일 탱크를 앞세워 남침전쟁을 일으킨 이후에도 남조선해방을 위한 악

랄한 무력도발은 계속되고 있다.

① 1968년1월21일 청와대 습격사건, 북한124군부대 짓이다. 31명 중 28명 사살, 1명 생포(김신조), 2명 도주, 우리측 피해-민간인 7명 사망, 우리군 23명 전사, 부상52명. '박정희 목 따라 왔수다'가 그들의 목적이었다.

② 1968년10월30일~11월2일 울진, 삼척지역 침투사건, 북한124군부대 120명이 군복, 신사복, 등산복으로 위장하여 침투- 적사살 113명, 7명 생포, 우리측 피해-민간인, 군인, 경찰 20여명 사망, '나는 공산당이 싫어요'하는 10살의 이승복군을 입을 찢어 죽인 천인공노할 사건이다.

③ 1976년8월18일 판문점 도끼만행사건, 미군 장교 2명 피살, 사병4명 중경상, UN군 트럭 3대 파손된 사건.

④ 1983년10월9일 아웅산 테러사건, 당시 버마를 방문중이던 전두환 대통령 및 수행원들을 대상으로 자행한 테러사건이다. 17명이 사망하고 14명이 중경상을 입은 사건이다.

⑤ 1987년11월29일 KAL858기 폭파사건, 1987,11,28 밤 이라크 바그다드를 출발한 KAL858기가 아브다비

에 기착한 뒤 방콕으로 향했다. 여객기는 11,29,14;01 뱅골만 상공에서 '45분 후 방콕에 도착한다, 비행 중 이상 없다' 곧 소식이 끊겼다. 승객은 귀국 근로자 93명, 외국인 2명, 승무원 20명, 모두 115명이 사망하였고 잔해는 태국 해안에서 발견되었다.

⑥ 1996년9월18일 새벽 동해지역 잠수함 침투사건, 강릉시 강동면 안인진리 부근 해안에 침투 좌초된 것을 택시기사의 신고로 발견했다. 작전기간-1996. 9.18~11.7(51일간) 작전병력(연인원) 114만명, 경찰 8만명, 예비군 28만명, 작전결과-적사살 13명, 자체피살 11명, 생포 1명, 아군피해- 사망 4명, 경제적 손실 2,000억원(추정)

⑦ 1999년6월15일 1차 연평해전, 우리해군 참수리 고속정이 부딪쳐 막는 일명 밀어 막기식 작전이었다.

⑧ 2002년6월29일 2차 연평해전, 우리해군 참수리 357호 격침, 아군 피해 전사 6명, 18명 전상, 정장 윤영하소령 전사, 북한군 684호 30명의 사상자를 내고 반파된 상태로 퇴각하였다.

⑨ 2010년3월26일 천안함 피격사건, 백령도 근해에서 북한군잠수정 침투 공격에 우리해군 PCC 772함이 피

격 침몰된 사건이다. 40명 사망, 6명 실종, 무려 46명이 전사한 사건이다.

⑩ 2010년11월23일 오후 2시30분 연평도 포격사건, 북한군이 해안포 170여발을 연평도에 무차별 포격을 퍼부은 도발사건이다. 해병대원 2명 사망, 16명 중경상, 민간인 2명 사망, 10명 부상의 큰 피해를 입었다.

이러한 북한의 단말마적인 군사도발은 결코 우리국민 모두가 쉽게 잊어서는 안 되며 분노의 치를 떨어야 하는 사건들이다. 평화는 전쟁을 대비하는 자만이 누릴 수 있는 전유물이다.

우리는 이런 호전광들에게 지난 세월 10년간이나 햇볕정책이란 이유로 돈, 쌀, 비료, 의약품, 물자 등을 주면서 동포애를 발휘했다. 오히려 미사일과 핵을 개발하는 밑천을 대준 꼴이 되었다.

북한은 남한의 지원이 마치 조공인 양 당당했으며 오만방자했다. 남한을 얕잡아보는 계기만 제공했다고 필자는 분석한다.

지금 김정은을 등에 업고 기세등등한 북한 군부 강경파들은 앞으로 무슨 도발을 획책할 것인가? 김정은의 3대 세습이 흔들림 없다는 표시로 더 대담하고 무모하고 강력한 무력도발로 위기를 넘기려 할 것이다.

김정은은 당분간 내외적으로 건재를 과시하는 방법으로 군을 앞세울 수밖에 없다. 유일한 밑천이 군대뿐이니 말이다.

첫째; 2012년4월13일 07시 39분에 쏘아올린 은하3호는 대륙간탄도탄(ICBM)이 분명하다. 그러나 2분도 안되어 공중폭발로 축포 아닌 망신포가 되었다.

김정은이 당과 군의 최고지도자에 올랐지만 누구보다도 불안하고 체면이 서지 않을 뿐 아니라 내외적으로 풋내기 지도자의 자리가 흔들리는 소리가 들리고 있다.

둘째; 세계적 망신을 만회할 양으로 2012년4월15일 김일성 출생 100주년 기념식을 열어 역대 최대 규모인 총 34종, 880대의 무기를 공개하며 군사퍼레이드를 펼쳤다. 특히 ICBM급 신형미사일을 선보이며 한, 미, 일을 상대로 무력시위를 한 것은 예사로운 일이 아니다. 군사도발의 신호탄일 수 있다.

셋째; 김정은은 아마도 미사일과 핵실험을 또다시 획책할 수밖에 없을 것이다. 이유는 은하3호 발사실패의 응급처방이기도 하지만 기본적으로 북한군의 존재 이유 때문이다.

핵과 미사일개발의 궁극의 목적은 체제를 공고히 하면서 남조선해방을 위해서다. 남조선해방 전략에는 인민군대가 필수 조건이다.

넷째; ICBM을 개발하고 핵탄두로 미국본토까지 공격할 수 있을 때 미국과 맞짱을 두겠다는 전략이다.

최종 목표는 한반도에서 평화협정을 체결하고 주한미군을 철수시키고 남한과 연방제로 통일정부를 세운 다음 결정적 시기를 보아 무력으로 먹어치운다는 것이 북한의 변함없는 남반부혁명 전략이다.

때문에 북한은 기를 쓰고 미사일과 핵개발을 강행할 것이며 이 모두를 포기하는 경우 북한정권과 인민군대의 존재이유가 사라지게 된다.

다섯째; 그러나 주변국과 국제사회는 북한의 농락에서 벗어나 지금은 북한의 미사일, 핵실험전술을 환히 꿰뚫어 보고 있다. 미국을 비롯한 국제사회가 북한의 미사일발사와 핵실험을 통한 벼랑끝전술에 속아서 고분고분 식량과 물자를 제공하던 시기는 지났다는 말이다. UN 안보리결의 1814호 등도 북한을 옥죄고 있다.

심지어 2012년4월17일 로클리어 미태평양사령관도 북한의 미사일, 핵시설에 군사공격을 시사하는 의견을 밝히

기기도 했다.

북한 비호의 선봉장인 중국도 분명 한계에 부딪칠 것이다. 실제 북한의 핵시설이 폭격 위험에 처할 경우 화들짝 놀라는 나라가 중국일 것이다.

원치 않는 전쟁에 휘말리게 되고 핵으로 인한 직접피해를 감당해야 하기 때문이다.

여섯째; 북한은 기회 있을 때마다 서울 불바다를 위협해 온지 오래다. 북한이 미사일발사, 핵실험이 쉽지 않고, 인민들의 삶이 더 어려워지고, 당과 군부의 갈등이 불거지고, 군부 내 강온파간 이견으로 격돌하며 대립할 때, 은하 3호와 같이 발사가 실패할 경우 비상탈출구가 필요하게 된다.

더욱이 강성대국 원년을 맞아 시급한 김정은 체제의 조기정착을 위해서도 남한에 대한 직접 무력도발을 획책할 수 있다는 것은 어렵지 않은 숙제풀이와 같다.

일곱째; 북한군이 서울과 수도권을 직접 공격할 수 있는 개연성은 여러 군데서 감지된다.

지금까지의 도발사례에서 보듯이 해가 갈수록 무력도발의 강도, 규모가 커지고 대담하고 무자비하며 전혀 거리낌 없이 기세등등하다는 점이다. 그 이유를 필자 나름대로 분석해 본다.

여덟째; 북한군은 지금 고삐가 풀린 상태다. 역설이지만 그동안 김정일은 당, 군, 내각, 인민을 절대 권력으로 재갈을 물리고 고삐를 틀어쥐고 있었다. 미사일, 핵실험과 무력도발을 일삼으면서도 나름의 벼랑끝전술(Brinkmanship tactics)로 위기를 타개하며 항상 많은 이익을 챙겨왔다.

남한과 미국과 주변강국과 UN을 상대로 조금도 물러서지 않는 도박으로 주도권을 잡으면서 절대 권력을 유지할 수 있었다. 그러나 김정은은 어느 모로 보나 김일성, 김정일의 선군통치를 그대로 이어 갈 수 없을 것이다.

군부의 강경파를 휘어잡기에는 역부족이다. 오히려 군부에 비위를 맞추며 세습을 이으려 할 것이다. 군부의 강력한 의사를 과감하게 거부할 용기와 식견이 없다는 말이다. 고삐가 풀려있다는 필자의 분석이다.

아홉째; 북한군이 최종공격카드로 만지작거리며 실행을 유보해오던 서울불바다론이 위의(여섯째) 상황과 겹치게 된다면 공포탄이 아니고 실제 포탄이 날아 올 수 있다고 필자는 판단한다.

북한의 잠재되어 있는 모순과 갈등이 뒤엉켜 소용돌이 칠 때 이를 일시에 해결하는 비상처방으로 남쪽이나 미국에 구실을 덮어씌우며 서울공격카드를 꺼내 들 수 있다는 말이다.

이 시나리오를 입증이라도 하듯이 2012년4월18일 북한은 인민군최고사령부 대변인 성명을 내고 "이명박 역적패당을 죽탕쳐버리기 위해 거족적인 성전을 재천명한다."며 "역적패당의 아성을 짓뭉개 버리는 타격전이 이어질 것." 이라고 위협했다. "서울 한복판이라 해도 그것이 최고 존엄을 헐뜯는 도발 원점인 이상 통째로 날려 버리기 위한 특별행동조치가 취해질 것"이라고 밝혔다.

성명은 또 "대한민국어버이연합 소속 늙다리 반동들과 꼭대기 피도 마르지 않은 깡패 대학생들이 서울 광화문광장에서 망나니짓을 벌이고 우리 최고 수뇌부 형상에 총질까지 해대는 난동을 부렸다."며 그 배후에 이명박 대통령이 있다고 주장했다.

또한 최고사령부 대변인은 "우리의 당면 목표는 특 대형 도발행위에 이골이 난 역적패당과 추종자들의 숨통을 끊어버리고 도발원점을 흔적도 없이 죽탕쳐버리는 것."이라며 "최고 존엄을 생명보다 귀중히 여기는 우리 군대와 인민은 도발자들이 누구든 어디에 있든 무자비한 복수세례를 안기게 될 것."이라고 덧붙였다.

연이어 4월23일 '인민군최고사령부 특별행동소조'는 "통고" 형식으로 "우리 혁명무력의 특별행동이 곧 개시된다." "특별행동은 일단 개시되면 3~4분, 아니 그보다 더 짧은 순간에 지금까지 있어본 적이 없는 특이한 수단과 우리식의 방법으로 도발 근원들을 불이 번쩍 나게 초토화해버릴 것"이라고 했다.

그러면서 '리명박 역적패당'과 '보수 언론 매체를 포함한 쥐새끼 무리들'을 들먹였다. 생트집을 부리며 억지를 쓰는 막가파식 저질깡패의 마지막 몸부림치는 모습이다. 어찌한 나라의 모양새가 이리도 험하고 타락되었는지 한숨이 절로 나올 지경이다.

이쯤 되면 버릇을 고쳐줘야 한다. 드디어 북한군은 마각을 드러내며 남침의 본심을 토해냈다. 간과할 일이 아닌 것으로 필자는 분석한다.

북한은 지금이 위험을 부를 묘한 시기를 맞고 있다. 고삐 풀린 군부 강경파에 장성택, 김경희, 김정은도 조정력을 상실하고 압도될 것이다.

북한이 돌파구를 위해 무언가 최종카드를 빼들 시기가 다가오고 있는 것을 느끼게 한다. 우리는 대비해야 한다. 완벽한 대비만이 우리의 안전과 지금의 평화를 지킬 수 있기 때문이다.

북한군 강경파의 무지막지한 공격성은 어디에서 나올까?

① 우리는 북한의 계속된 도발에도 효과적인 대응 없이 침묵으로 일관해 왔다. 남한은 마치 전쟁이 무섭고, 북한이 무서워 벌벌 떨듯이 말이다. 북한을 자극하지 말자는 잠꼬대 같은 평화타령에 놀아나고 있었다. 이것은 분명 북한군의 오판과 오만의 빌미가 되었을 것이다.

만약 북한의 도발을 이스라엘식 보복응징으로 답했더라면 서울불바다론은 나오지도 못했을 것이다.

더욱이 북한이 단 한마디 감사의 말도 하지 않는데 지난 10년간 햇볕정책이란 이유로 남한에서 엄청난 식량과 돈과 물자를 지원했지만 북한은 오히려 조공을 받듯이 큰소리치며 기고만장했다.

북한군이 자만심을 안 가졌다면 그것이 이상할 노릇이다. 큰 역효과였다고 필자는 확신한다.

② 필자의 분석으로는 북한이 남한의 민주사회를 혼돈과 혼란의 무질서한 약체 국가로 보는 것 같다.

남한의 3권 분립의 민주주의 체제를 힘없는 대통령, 난장판 국회, 데모에 힘없는 정부, 매 맞는 경찰, 단결할 수 없는 국민 등으로 오판하고 북한군부가 무모한 광기를 부리는 것은 아닌지 염려가 된다.

사실상 우리 사회는 드러내놓고 북한을 찬양하고 맹종하는 정파나 무리들이 있는 것이 현실이다. 이러한 것이 특히 북한 군부의 오판의 호재가 될 수 있다.

시위와 파업, 데모가 일상화되어 있는 남한사회를 북한이 유리한 남반부혁명의 상황으로 오인한다면 더욱 대담한 무력공격을 남조선해방의 당위로 내세울 수 있을 것이다.

북한이 서울불바다공격을 남한에 결정적 혼란을 가하여 자체 붕괴를 일으키는 유인(誘因)이라고 착각한다면 매우 심각한 상황이라고 하겠다.

결론적으로 북한의 계속된 도발을 우리 남한이 정치, 군사, 사회적으로 효과적인 대응을 못하고 방관한 책임이 가볍지 않다고 보아야 한다.

자승자박의 의미를 되새길 때이다. 확고하고 확실한 대응책이 긴요하다.

북한군의 도발형태와 규모에 따라 강력한 유형별 원점 응징타격으로 도발의지를 꺾어야 하며, 항상 최악의 시나리오를 철저하게 대비하는 것이 상책이다. 그것이 서울불바다공격이다. 불퇴전의 결의만이 대한민국을 지킬 수 있다.

5. 우리의 대응

① 대한민국은 북한의 미사일 발사와 핵실험에 차단벽을 설치할 수 있을 것으로 판단한다. UN회원국 모두가 이제는 북한의 전략과 속셈을 빤히 읽고 있는 상황이다. 중국과 러시아도 북한을 두둔만 할 수 없을 만큼 국제사회는 북한제재의 효과적인 준비를 마친 상태다. 지금의 국제사회는 아무리 중국이라도 혼자살 수 없는게 냉혹한 현실이다.

② 북한의 서울불바다공격은 고차원의 정밀 대책이 요구된다. 김관진 국방장관도 서울과 수도권에서 북한의 공격에 의한 피해가 날 경우 한국군이 즉석에서 평양을 보복공격할 계획을 세우고 있다고 보도된 바 있다. 진일보의 단호한 조치임이 분명하다. 그러나 이 계획이 사실이라면 필자는 전략과 전술상 큰 문제가 있다고 판단한다.

남한의 수도 서울과 북한의 수도 평양은 그 규모와 기능, 역할, 가치가 천양지차다. 역설이지만 평양을 공격받고 서울을 공격할 수 있다면 북한은 주저하지 않을 것이다.

③ 휴전선에 배치되어 있는 북한군의 전연군단 4, 2, 5, 1군단과 815기계화군단, 820전차군단, 620포병군단,

806기계화군단의 화력과 공격성이다.

북한군의 공격수단인 170㎜자주포는 사거리 54㎞, 240㎜ 22연장 방사포는 사거리 60㎞이므로 서울은 물론 수원부근까지 사정권이다.

보통 야포는 사정거리 24㎞이하다. 170㎜ 장사포 100문과 240㎜ 200문이 1시간만 불을 뿜어도 서울은 엄청난 피해를 입게 된다. 여기에 화학탄을 사용할 경우 서울시민의 20~50%까지 사망자가 나올 수 있다.

그리고 대한민국의 정치, 경제, 사회가 치명적 타격을 입는다. 대신 우리도 평양을 공격한다는 전술은 합당하지 못한 것이다.

평양은 상대적으로 크게 피해 볼 것이 없다. 주요 시설들은 지하화 되어있고 거의 요새화 되어있다.

따라서 우리의 전술은 북한군이 서울과 수도권 공격을 엄두도 못 내게 해야 한다. 꿈도 꿀 수 없는 원천봉쇄전술이어야 한다는 말이다.

한·미양국군은 북한군이 서울을 공격할 경우 북한 전지역의 군사거점과 핵시설을 일제히 보복 공격하여 초토화시키고 북한군을 완전 무력화시킬 계획을 수립하여야 한다. 이 계획이 수립되는 대로 하루속히 공개 발표함은 물론이다.

북한은 주춤할 것이다. 우선 중국이 북한을 앞장서 막고 나설 것이다. 중국으로 번지는 전쟁의 불똥은 중국의 성장을 멈출 것이고 북한은 중국의 지원 없이는 전쟁확대를 밀어 붙일 수 없을 것이다.

북한의 군사시설과 핵시설이 파괴 될 경우를 생각한다면 중국의 직접피해도 엄청날 것이다. 북한이 한국과 미국을 상대로 공갈은 칠 수 있지만 전면전을 치러 이길 수 없다는 것을 북한 군부도 잘 알고 있을 것이다.

실제로 북한이 지도상에서 사라질 정도의 보복타격이 가해진다고 실감할 때 서울불바다론은 자취를 감출 것이다.

④ 북한이 서울 공격을 접었을 경우에도 북한 내부 상황에 따라 산발적 무력도발을 이어가려 할 것이다. 이럴 경우에도 철저한 이스라엘식 보복공격만이 북한 군부를 잠재울 수 있다.

그러나 미사일발사와 핵실험이 여의치 못하고, 서울 공격이 불가능해 질 때 기세등등한 북한 군부의 강경파는 고개를 숙이고 중국식 개방경제파에 자리를 내주게 됨은 물론 김정은 세습 자체가 변란을 겪게 될 것으로 판단된다.

⑤ 우리사회를 일대 정화 변혁시켜야 한다.

고위직들의 부정부패 행위는 공산당을 부르는 반국가사범으로 엄단함으로써 사회 불평등의 원천을 봉쇄해야 한다.

북한을 추종하는 무리들은 국가의 명운을 걸고 발본색원하여 민주사회와 격리시키는 국민혁명을 일으켜야 한다. 필자의 판단으로는 지금의 법으로도 의지만 있으면 충분히 할 수 있다고 본다.

여기에 대통령과 정부가 책임을 지고 앞장서야 한다. 대통령은 국가를 보위하고 국민의 생명과 재산을 보호해야 할 책무가 있기 때문이다. 미룰 수 없는 일이다.

*** 본 문은 2012년5월1일 작성된 칼럼이며 학회에 제출됨.**

3부
비정규군 전술 개념

평양의 먹구름

제8장 6·25참전 KLO유격군 연구

요 지

① 1950년9월 UN군의 인천상륙으로 10월 중순부터 북한인민군이 괴멸되면서 북쪽 국경선으로 후퇴를 거듭했다.

② 당시 김일성은 라디오 방송으로 모든 당원들은 인근산으로 후퇴 입산하여 미제국주의자들과 남조선 괴뢰군을 상대로 끝까지 투쟁하라고 명령하였다.

③ 산으로 들어간 공비들은 밤마다 하산하여 양민을 학살하고 식량을 탈취하는 만행이 극에 달하게 되자(특히 구월산 지역) 향토 사수를 위해 자위수단으로 조직한 무장부대가 KLO 8240부대 한국유격군의 시원(始原)이다.

④ 황해도 구월산을 배경으로 조직된 은율군의 수월부대를 비롯한 황해도, 평안남북도, 함경남북도 등 거의 같

은 이유로 지역별 무장부대가 자생적으로 조직되어 UN군의 북진과 더불어 자체 치안력으로 사실상 북한전역을 김일성으로부터 해방시키게 되었다.

⑤ 1951년1월 초순경 북진했던 UN군이 후퇴를 하게 되자 내륙에서 향토를 지키던 무장부대는 밀려오는 중공군과 인민군을 맞아 끝까지 저항하면서 사투를 벌였으나 중과부적으로 정든 고향을 등지고 후퇴하게 되었다.

초도, 석도, 백령도, 연평도, 강화도 등 동서해안 도서지역으로 투쟁근거지를 옮겨 실지(失地)탈환을 위한 특수전부대로서 고난의 전투를 이어갔다.

편안하게 LST편으로 남한 행을 택할 수 있었음에도 차마 고향을 버릴 수 없었다.

⑥ 1951년 초 서해안 도서에 진지를 구축한 각 부대는 KLO 8240부대로 재편되면서 백령도 표기지 미군사령관(Leopard기지 사령관 윌리암 A 버크 중령), 초도기지 사령관 (Edward C Dando 소령)의 작전지휘명령을 받게 되었다. 따라서 미군의 무기와 군복, 식량을 보급 받게 되었다.

유격군은 동서해 모든 도서와 해상교통로를 완전 장악하고 중공군의 해상보급로(주로 Junk선단)를 공격 차단하였다.

또한 전선으로 향하는 중공군, 인민군의 야간 보급로(무기, 식량. 공습을 피하기 위해 소달구지 편대가 많았음) 기습공격, 군사시설 및 교량 폭파, 인민군 귀순 납치, 평양지역까지 확대된 첩보 수집 작전, 격추된 미군 전투기 조종사 긴급 구출작전에 빛나는 전과를 올렸다.

한편 학정을 일삼는 내무서, 분주소, 노동당세포회의 공격과 수많은 피난민 구출작전을 전개하여 괄목할 만한 전과를 올렸다.

항상 목숨을 걸어야 하는 그 위험한 특수유격전을 가능케 한 것은 지휘관과 부대원들의 불퇴전의 투철한 반공정신이었다.

⑦ 북한 깊숙이에 있는 도서지역에서 주야를 불문하고 도깨비처럼 나타나서 주로 야간에 은밀하게 이동하는 중공군과 인민군의 허리를 기습공격하여 전선 병력 보충에 결정적 타격을 주었다.

따라서 우리 유격군의 작전지역 내에서는 김일성의 전시통제권이 거의 마비상태였다.

⑧ 전쟁 중 김일성은 지역별로 선전선동원을 배치하여 노동당세포회의를 통해 전시행정(戰時行政)을 통제하였다.

이 세포회의 결정으로 많은 양민이 희생되고 있었다.

우리 유격군은 정예소규모 특공대를 잠입시켜 면, 리 단위별 세포회의와 내무서 분주소를 동시 다발적으로 기습 공격하여 김일성의 간담을 서늘하게 하였으며 전시행정권 또한 마비시킬 수 있었다.

따라서 많은 피난민을 구출할 수 있었으며 포로로 잡힌 책임선전선동원 중에는 남한에서 월북한 보도연맹 출신자들도 있었다.

우리 유격군 작전지역내에서는 인민공화국기가 나부낄 수 없었다.

특 징

KLO8240부대 유격군의 두드러진 특징은 북한 깊숙이 2만 명이 넘는 무장병력이 북한지역의 출신 고향별로 적지 해안과 내륙에 고루 분산 배치되어 작전에 임하고 있었다.

첫째 각기 고향의 익숙한 지형지물을 선점 이용할 수 있었다.

특히 우리 KLO유격군은 새로 주둔하는 인민군부대나 이동 중인 적군의 보급부대를 기습하는 전투에서 익숙한 지형과 지세를 이용하여 적의 허점을 매섭게 치고 빠지는 날카로운 공격으로 크게 전과를 올릴 수 있었다.

둘째 자유를 갈망하는 민심을 등에 업고 첩보망을 넓힐 수 있었다.

셋째 우리의 수색대 특수공작조와 아지트를 연계한 비밀유도작전(秘密誘道作戰)으로 목표물을 기습 공격할 수 있었다.

넷째 깊이 잠복해 있는 비노출의 우리 아지트를 통해 최신첩보를 입수할 수 있었기에 비록 병력과 무장이 열세함에도 중공군과 인민군을 맞아 초기단계부터 혁혁한 전공을 세울 수 있었다.

특히 인민군 군관의 귀순공작과 북괴 요인 암살에도 성공할 수 있었다.

다섯째 한국군 소속 북파침투공작조와는 달리 1회성이나 단기공작이 아니라 우리 KLO유격군은 북한의 깊숙한 작전지역내에서 적정을 정확하게 파악한 후 연속적이고 계속된 작전을 수행하여 적군을 교란하고 큰 타격을 가할 수 있었다.

지리에 익숙한 우리 유격군은 반복되는 전투로 숙달(熟達)과 숙련도(熟練度)를 높일 수 있었다. 이것이 많은 전과를 올리는 데 결정적 요인이었다.

여섯째 북한 김일성은 6·25개전 초기에 남한을 기습공격하여 단숨에 점령하는 데만 눈이 멀어 후방지역을 방어하기 위한 향토방위군을 조직하지 않은 실수를 범했다.

북한 후방의 면·리 단위지역은 농경대(農耕隊)와 내무서원이 있었으며 주로 이동 중인 인민군이나 중공군이 대부분이었다. 농경대는 귀향군인과 열성당원으로 구성되었으며 소총으로 무장하여 주민감시와 단속은 물론 해안선과 지역경계를 담당하고 있었다.

북한 후방지역에 주둔한 인민군은 지역별로 여단이하의 규모가 많았다.

특히 신설부대인 경우 우리 유격군의 좋은 먹잇감이었으며 과감하고 자신감 넘치는 기습공격으로 큰 전과를 올릴 수 있었다.

우리 KLO유격군은 지리와 지형지물에 낯선 중공군과 인민군 증원부대가 이동하는 순간을 노린 야간 기습 전투에서 번개같이 타격을 가하고 화살처럼 빠지는 전술로 많은 전과를 올렸다.

동시에 많은 첩보를 수집하여 즉시 사령부에 타전할 수 있었다.

주로 첩보에 의한 매복 기습공격 전투에서는 괄목할 만한 전과를 올렸다.

반면 우리 유격군도 적정이 불확실할 때는 많은 희생을 감수해야만 했으며 소규모 특공작전에 출동한 공작조원들이 적의 역정보와 함정에 빠져 전멸하는 경우도 있었다.

휴전 후 1962년 김일성은 위와 같은 6·25패전의 뼈저린 교훈으로 4대 군사노선을 택했다고 판단된다.

일곱째 위의 사례들은 우리 유격군이 빛나는 전공을 세울 수 있었던 천혜의 조건이었다. 이는 앞으로 전개될 수도 있는 한반도 통일전쟁에서 깊이 유념해야 할 대목이다.

위의 전투유형은 정규군과 비정규군의 차이점이며 정규전과 비정규전의 배합전술의 근간이라 하겠다.

지금도 이러한 우리 유격군의 전술과 전공은 살아 숨쉬는 특징으로 계승 연구 발전시켜야 한다.

앞으로의 전쟁양태(戰爭樣態)에서 승리의 조건은 정규전과 비정규전의 배합전술이라고 할 수 있을 것이다.

평가 및 전과

우리 유격군이 특수전부대로서 사활은 건 전투로 얻은 값비싼 전과를 요약한다.

① 백령도 미군사령관은 중공군 1개군단을 해안 경비에 묶이게 했다고 평가했다.

② 미 제5공군사령관 패트리지(Partridge)장군은 인민군 2개군단를 묶어 놓았다고 평가했다.

③ UN군사령관 리치웨이 장군도 북한 연안 섬에서 활동했던 유격군의 역할을 평가했다.

우리 유격군은 최소한 적의 1개 야전군을 견제한 것으로 분석했으며 인민군 제17사단, 23사단, 22여단, 126여단, 15사단, 및 중공군 제3야전군을 견제했다고 평가했다.

④ 우리 유격군은 북한의 모든 도서를 점령하고 북한의 모든 항구를 봉쇄하여 공중전의 안전지대를 확보함으로써 UN군의 제공권과 한·미해군의 제해권 확보에 결정적으로 기여했다.

⑤ 우리 KLO8240부대 한국유격군은 자유의 남한 땅을 밟아보지도 못한 채 오로지 조국의 통일과 김일성 타도의 반공 일념으로 군번도 없이 대가도 바라지 않고 스

스로 뭉쳐 자유를 위해 자랑스럽게 목숨 걸고 싸웠다고 지금도 자부하고 있다.

⑥ 지금 북한에 드리워진 먹구름은 통일시대를 손짓하고 있다. 김정은 독재의 운명도 그리 멀지 않아 보인다.

세습독재 김정은의 종말은 북한의 전쟁광들을 잠재울 수 있는 자유의 깃발 아래 뭉친 KLO8240부대와 같은 북한의용군의 출현으로 가능할 것이다.

우리 유격군의 발자취는 아직도 북한 도처에서 살아 숨쉴 것으로 확신한다.

⑦ 국방부 군사편찬연구소 발행 한국전쟁의 유격전사에 유격군의 전투상황과 전과가 일부나마 정리되어 있음에 감사드린다.

그러나 당시의 생생한 기록이 보존되지 못하여 유격전사로서 매우 허술하고 빈약한 점은 유감으로 생각한다.

특히 가장 용감했던 수월부대 전투상황과 전공이 깊이 있게 다루어지지 않은 점은 너무도 아쉬운 점이다.

처리 및 조치

① 통일시대를 맞이하여 유격전술과 심리전술 및 선무공작전술의 연구가 시급하다고 판단한다. 현대전은 전방과 후방이 따로 없으며 대량살상무기는 오히려 후방을 타격목표로 하고 있다. 따라서 후방 없는 전선에서는 공격력을 제대로 발휘할 수 없다. 미래 전술개념은 전후방 전체를 망라하는 새로운 통합전술을 개발해야 할 것이다. 오히려 후방을 먼저 장악하는 전술이 승리를 결정지울 수 있을 것이다.

따라서 유격전, 심리전, 선무공작 등 군사 정치전이 총동원되는 전술개발이 이루어진다면 20만의 북한특수부대와 대량살상무기도 발을 묶어 놓을 수 있을 것이다.

결론적으로 정규전과 비정규전, 첨단과 재래식, 대부대와 소부대, 군과 민간을 동일선상에 놓고 신 배합전술을 마련해야 할 것이다.

② 6 · 25전쟁 시 미군의 평면공격전술이 빛을 보지 못하자 KLO 8240부대 전투유격군을 투입하여 제 5공군의 효과적인 공격 포인트를 유도했고, 소중한 첩보들을 수집했다.

③ 우리 유격군이 북한지역의 모든 도서들을 점령하고 내륙 깊숙이 작전지역을 넓힘으로써 UN군과 한국군이 제공권과 제해권을 주도할 수 있었다.

④ 우리 KLO유격군이 시도 때도 없이 적의 후방을 교란한 전과는 오늘의 휴전선을 지켜내는 데 결정적으로 기여했다고 판단한다.

⑤ 앞으로의 전쟁양태는 후방에 침투한 유격군이 제1전선 기동공격군의 공격선을 뚫어주고 적을 후방에서 교란 분산시키는 비정규전과 정규전의 배합전술로 적을 단기간에 격파할 수 있다는 것이다.

즉 적의 후방을 유격전술로 교란하고 제1전선공격군이 기동화력전으로 속공 돌파한다면 전투는 승리를 담보할 수 있다.

또한 유격군의 교란으로 적의 병참선이 불안하고 시시각각 첩보가 아군에게 입수된다면 전투는 승리를 장담할 수 있다.

이것이 북한군의 비정규전과 정규전의 배합전술이다. 이것을 역이용전술로 발전시켜 대응해야 한다.

⑥ 북한의 초과잉 군사력에 대비하는 새로운 전술개념은 유격전술을 상위개념으로 발전시키는 것이 매우 중요

한 과제라고 판단한다.

6·25전쟁 중 소중한 경험을 쌓은 우리 KLO유격군 노병들의 사기를 드높여 앞으로 있을지도 모를 통일전쟁에 대비해야 할 것이다.

**** 대한민국은 6·25전쟁의 의용군인 KLO 8240부대 한국유격군 용사들에게 특수전 영웅의 보상이 있어야 할 것이다.**

맺 음 말

•

평양의 먹구름

① 독재정치는 이념과 상관없이 정치체제를 시스템화한 1당 독재와 개인의 우상화로 정당을 예속화한 1인 독재로 필자는 분류해 본다.

물론 다양한 형태의 독재정치 유형이 있겠지만 독재정치는 기본적으로 독특한 정치이념을 내세워 다당제를 거부하고 1당 지배체제를 채택한다.

자유선거가 보장된 다당제의 경우 기본적으로 1당 독재나 1인 독재는 불가능하다.

예를 들면 소련, 중국, 베트남, 동독 등처럼 정치이념의 혁명을 슬로건으로 한 정당은 1당 독재를 원칙으로 하지만 정당의 엄격한 강령이나 룰에 따라서 최고지도자를 선출한다.

이들은 당내 선거를 빙자하여 민주라는 간판으로 인민

의 정당임을 표방한다.

이념의 벽을 뛰어넘은 서구식 민주주의 정당과는 정당정치논리의 개념 자체가 다르다.

반면 1인 독재정치도 이념과 혁명을 캐치프레이즈로 내세우는 것은 1당 독재정치와 동일유형으로 보이나 이 경우 정당은 1인 독재의 수단과 하수인에 불과하다.

역시 1인 독재정치에서 다당제와 경쟁자는 금물이며 오로지 수직적 복종만이 허용된다.

이 경우 대표적 독재자는 히틀러, 김일성을 지목할 수 있겠다. 그러나 히틀러와 김일성은 독재의 유형이 판이하다.

히틀러는 독재의 수단으로 나치당을 이용하였기에 1인 독재자이지만 자식에게 세습은 불가능한 상황이었다.

김일성은 처음부터 당은 1인 독재의 발판과 수단에 불과했다. 따라서 반대파는 종파분자의 이름으로 숙청의 대상이 될 수밖에 없다.

김일성은 당을 사유화하기 위해서 우상화를 넘어 신격화작업을 통해 스스로 신이 되어 당을 비롯한 모든 것을 창조하는 창조주가 되었다.

히틀러와는 유형과 개념이 다른 독재라 할 수 있다. 세계 정치역사상 유일한 신권통치를 행한 독재자였다.

6·25전범자인 김일성의 세습독재는 한반도의 전란이 계속되는 씨앗으로서 우리 민족의 평화를 짓밟고 있다.

이것은 바로 북한이 68년 동안 단 한 번도 남침야욕을 버릴 수 없었던 이유이기도 하다.

1인 독재자라 하더라도 사람이 바뀌면 독재유형도 달라질 수 있다.

북한은 김일성의 유훈이 대를 이어 그대로 변함없이 이어질 수밖에 별도리가 없게 되어 있는 곳이다. 따라서 북한을 김일성종교의 사교(邪教)국가라고 하는 것이다. 인민들은 자유를 박탈당한 채 단지 숨 쉬고 있는 김일성교 신도에 불과한 것이다.

독재의 유형을 불문하고 공통점이 있다.

피지배자인 인민들은 독재자에게 순종하며 수용소와 같은 곳에서 살아간다는 것이다. 절대독재는 무자비한 죽음의 공포로 피지배자의 복종을 강요한다. 그러나 그것만 가지고는 무결점 완전독재의 목표를 성취할 수 없으며 결정적인 것이 세뇌교육이다.

따라서 독재자마다 다가올 미래를 달콤한 슬로건이나 거창한 혁명구호로 포장하여 반복적으로 선동하고 교육시킨다.

처음에는 반발과 거부감을 가질 수 있으나 반복이 계속되면 무의식중에 복종이 습관화된다는 것이다.

러시아의 생리학자 이반 파블로프(Ivan Petrovich Pavlov)박사는 동물 실험을 통해 반복적인 교육이나 훈련은 교육을 멈추었을 때에도 그 동작이 계속된다는 조건반사설로 이를 입증하였다.

독재자들은 이 논리를 이용해서 똑같은 구호와 교육을 계속 반복적으로 시행하여 인민이나 군대를 무의식적으로 복종시키는 것이다. 이것이 독재를 위한 세뇌교육이다.

북한이 김일성 주체사상교육을 지금까지 반복적으로 계속시키고 있는 이유가 바로 여기에 있다.

② 지금의 북한을 상황 논리로 요약한다.

북한의 총체적인 경제난은 뿌리마저 썩어 말라죽어가고 있는 나무와 같다고 하겠다. 경제회생의 동력은 모두 말라 없어졌다.

김일성주체사상과 계획경제로 인해 북한의 경제전망은 소생불능의 종점에 이르렀다는 것이 정론이다.

외부의 지원전망 또한 밝지 않아 핵과 미사일만 가지고 오래 버틸 수 없을 것이며 끝내 막다른 골목에 몰리고 말 것이다.

북한의 군과 당은 건재할 것인가? 인민의 삶이 죽음을 넘나드는데 군과 당도 외면하지 못하고 갈등으로 흔들릴 수밖에 없을 것이다.

인민 없는 인민군대가 핵만 가지고 강군이 될 수는 없다.

대한민국 국민의 자유의 함성을 하나로 모아 북한 동포를 구할 수 있는 통일의 횃불을 치켜 올려야 하겠다.

③ 닫혔던 남북이 통일되는 과정은 예측하기 어려운 난제 중의 난제이다.

그러나 한 가지 분명한 것은 북한의 김정은 핵심부가 조용히 주저앉지 않는다는 사실이다.

북한의 마지막카드인 무력을 어떤 방법으로든 사용한다고 보고 대비해야만 대량살상의 화력전을 막을 수 있다.

우리의 대응전략은 한·미연합군의 준비된 전략으로 응징하되 북한군을 먼저 약화시키는 전략이 보완 병행되었으면 하는 것이 필자의 의견이다.

마치 생나무를 단번에 꺾는 것보다 나무를 부러지도록 휘어놓은 다음 손쉽게 꺾으면 안전하다는 이치와 같다고 하겠다.

따라서 심리전부대와 유격전부대를 북한 현지 상황에 맞도록 보완 보강하고 결정적 시기를 틈타 침투하여 자유의 바람으로 민심을 등에 업고 북한군의 전의를 흔들어 전력을 근본적으로 약화시키는 전략이다.

여기에서 결정적시기라 함은 북한이 세계적으로 완전 고립되어 김씨왕조가 곧 무너진다는 국제여론이 북한에 전파되어 민심과 군심이 요동치기 시작할 때를 말한다.

6·25전쟁 때 KLO8240부대 유격군의 경험이 살아있다.

통일의 결정적 시기가 도래하면 북한에서 불게 될 자유의 바람을 타고 자생적으로 반김일성 인민유격군이 조직되어 북한이 스스로 무너질 수 있도록 우리가 유도하고 도와야 할 것이다.

이를 위해 우리는 새로운 유격전술과 침투공작전술을 개발하고 전문전술부대를 육성해야 할 것이다.

북한군을 상대로 외부의 충격만으로 무너뜨리려고 할 경우 무력충돌로 인한 인적 물적 피해는 상상을 초월하는 막대한 수준일 것이다.

이것을 줄이기 위해서 북한의 자중지난을 유도하는 유격전과 군사심리전과 정치선무공작이 필수적이라는 것이다.

그리하여 제8장에서 6·25참전 KLO유격군의 스토리를 요약하였다.

돌이켜 보면 6·25전쟁 때 KLO유격군을 증강 편성하여 유격군 사령부를 설치하고 유격전 전문전술지휘관의 통합지휘를 받는 군단규모의 병력만 있었다면 인민군과 중공군의 허리를 완전히 끊어버리는 작전이 성공했을 것이다.

그렇다면 한반도는 지금처럼 휴전선으로 가로막힌 비운을 막을 수 있었다는 것이 유격부대를 지휘했던 필자의 아쉬움이다.

당시 미군사령부에는 전술지휘나 작전지휘에 경험 있는 전문 지휘관은 볼 수 없었다. 이제부터라도 북한 후방을 교란할 수 있는 전문 심리전부대와 유격전부대의 핵심요원들을 육성해야한다.

우리가 침투하여 직접전투를 벌이는 특전사부대와 더불어 북한의 후방을 우리 편으로 만드는 전문 정치심리전부대와 유격전부대를 배합하는 전략전술 개발이 필요하다고 판단한다.

북한을 상대로 큰 희생 없이 승리하려면 정규전의 무게를 가볍게 할 수 있는 비정규전을 상위개념으로 하는 전술이 바람직하다고 필자는 판단한다.

우리 국민 모두의 지혜와 슬기를 모아 하루속히 자유가 샘솟는 조국통일, 민족통일의 새벽이 열리기를 국민의 한 사람으로 빌고 또 빈다.

참고문헌

정만수 북한핵의 정체 개정판 이경 2007.

정만수 평화통일의 길 개정판 이경 2010.

공보처 실증자료로 본 한국전쟁 1990. 정문사문화(주).

공보처 북한의 핵 그 실상과 과제 1992. (주)영인쇄.

국제신문 2013.1.8 (5)면 북핵·장거리 미사일 개발해도 우리 정부 무력화 카드 있다.

국방부 군사편찬연구소 한국전쟁의 유격전사 서울인쇄정보산업 협동조합. 2003.

동아일보 2013.2.28 (A2면) "北주민 밤마다 훈춘 넘어와 먹을 것 훔쳐가"

동아일보 2013.2.25 (A1면)(A2면) 핵개발 뒤에 가려진 北 인민군의 처참한 실 … 탈북 여군중대장 인터뷰 "영양실조 군대 … 밤마다 민가 식량 도둑질" "소대 25명 중 10명이 영양실조-결핵"

지은이 | 정만수

황해도 출신으로 북한에서 대학교 재학 중, 6·25전쟁으로 강제징집되어 북한군 제1군관학교를 졸업한 후 군관으로 전선부대에 배치되었다. 극적으로 탈출하여 미극동사령부 KLO8240부대 제7연대(수월부대) 대대장·참모장과 KLO8240부대 초도지구 함동감찰대장을 지냈다. 이후 부산으로 이주하여 동아대학교 경영대학원을 졸업하고 통일교육전문위원과 부산시 시정자문위원으로 활동했다. 국민훈장 석류장을 국가로부터 수여하였고 6·25참전유공자 및 대한민국국가유공자이다. 현재 6·25참전UNPFK수월부대전우회장 겸 한반도전략연구원 이상장직을 수행하고 있다.

평양의 먹구름

초 판 1쇄 발행 2013년 5월 3일

지 은 이 정만수

펴 낸 이 이정화
책임편집 이경기획
기획편집 이경기획
북디자인 이경기획
교 정 이경기획

펴 낸 곳 도서출판 이 경
주 소 부산시 북구 금곡동 695
출판등록 제02-08-112호(2004. 8. 4)
전 화 (051)334-8881(代)
팩 스 (051)558-3501

ISBN 978-89-6823-002-8 03340

값 10,000원

총 판 한국출판협동조합(Tel. 02-716-5616~9)

국립중앙도서관 출판시도서목록(CIP)

평양의 먹구름 : 김정일 없는 북한 어디로 갈것인가? / 정
만수 지음. -- [부산] : 이경, 2013
p. ; cm

ISBN 978-89-6823-002-8 03340 : ₩10000

북한 사회[北韓社會]
남북 관계[南北關係]

340.911-KDC5
320.95193-DDC21 CIP2013002666